Le Boe 178

Di Maurizio Crosetti
nel catalogo B.C.Dalai editore
potete leggere

I padroni del pallone

Armstrong. Il ritorno del sopravvissuto

Maurizio Crosetti

Campionissimi

Un giorno nella vita di trenta grandi ciclisti

B.C.Dalai *editore*
Editori dal 1897
www.bcdeditore.it e-mail: info@bcdeditore.it

ISBN 978-88-6073-756-4

Per la mia bici Atala bianca.
Per chi mi ha aspettato.
Per le corse che non ho mai vinto
e le strade che non ho mai visto.

Tutto dura un giorno, e chi ricorda e chi è ricordato.
Marco Aurelio

INDICE

DIETRO LA CURVA DEL TEMPO

Trenta grandi corridori, e un giorno nella loro vita. Quella volta che Bottecchia morì, chissà come. Quella volta che forse Coppi tradì. Quella volta che Bartali ripensò tutta la sua storia, guidando una Golf scassata. Quella volta che Hinault disse no. Quella volta che persino Merckx soffrì. Quella volta che Girardengo andò in galera. Quella volta che Bugno guardò il gruppo dal cielo, senza più smettere. Quella volta: una sola, ma le contiene tutte.

Non esistono elenchi completi, dunque bisogna scegliere. Trenta campioni sono molto e niente, i loro nomi s'incrociano ad altri, ogni corsa ne racconta cento: è un rimando, una citazione, un passaggio sulla strada. Siamo partiti da Maurice Garin, spazzacamino valdostano, primo vincitore del Tour de France, per arrivare a Marco Pantani e al suo destino fragile. L'ordine cronologico non è quello delle corse ma delle date di nascita, con qualche licenza temporale.

C'è l'epoca dei pionieri e la stagione della chimica, ci sono le uova di Binda e il coraggio di Armstrong, l'ombra di Gimondi e la fine di Bobet. E le paure di Bahamontes, le scalate di Gaul nella tormenta, la perfidia di Gerbi, la notte di Ganna quando inventarono il Giro d'Italia. E i sassi di Roubaix, le mimose di Sanremo. E tutto quello che non si riesce a dire perché le bici sono veloci, gli occhi impazienti e le parole quasi sempre inadeguate, dopo tanta polvere. Forse, questo è un libro sulla solitudine e sull'addio. Non è una storia del ciclismo, semmai di ciclisti. Dentro ci sono persone e paesaggi. Più qualche ricordo, e racconti tramandati, e l'alone opaco della fatica.

Trenta storie, nel soffio del gruppo che passa: un istante ed è tutto finito. Ma i corridori sono sempre vivi, anche quando diventano piccoli all'orizzonte. Anche adesso, in questo presente malato di doping e sospetti, il loro è un gesto antico. Sono come fratelli e la gente li ama, aspettandoli dietro la curva della strada e del tempo.

Arrivati all'ultimo chilometro, al triangolo rosso che annuncia la fine della corsa, ci accorgiamo di quanta sofferenza ci sia nella vita dei corridori. E di quanti, tra loro, abbiano lo sguardo triste. Non è solo la durezza delle salite o delle pietre sotto le ruote, a volte è una specie di malasorte, o malamorte: il suicidio di Ocaña, lo strano incidente d'auto di Koblet, il folle volo di Rivière nel crepaccio, il cancro di Nencini e Anquetil, la malaria di Coppi, l'ultima camera d'albergo di Pantani. Perché il ciclismo è magnifico e spietato, gonfio di sogni e improvvisi risvegli. Mostra la bellezza del dolore su una bicicletta dove tutti, da bambini, siamo stati felici. Forse, questo è un libro sul tempo che passa, e sulla nostalgia.

MAURICE GARIN, 2 LUGLIO 1903

Dopo avere dormito quattordici ore filate, dopo avere ingoiato due polli, tre bistecche e una frittata, dopo avere bevuto due litri di vino rosso, Culo di ferro andò a comprarsi una canna da pesca e si sistemò sulla riva del Rodano. C'era tutto il tempo. Era il 2 luglio 1903. Aveva appena vinto la prima tappa del primo Tour de France, da Parigi (sobborgo di Montgéron) a Lione, 467 chilometri in 17 ore, 45 minuti e 44 secondi. Alle sue spalle, cinquantacinque secondi dopo, arrivò il compatriota Émile Pagie. Anche se, veramente, Culo di ferro era valdostano naturalizzato. Mezzo italiano, cose dimenticate nel sangue e nella geografia di chi a tredici anni se n'era andato in Francia per fare lo spazzacamino, il *ramoneur*, venduto dai genitori per un pezzo di formaggio. Questo il destino di Maurice Garin (1871-1957), pioniere ciclista, baffuto eroe di un tempo che non c'è più.

Un pomeriggio del 1953, quattro anni prima di morire, Maurice venne invitato dagli organizzatori del Tour alle celebrazioni dei cinquant'anni della Grande Boucle, che proprio lui aveva battezzato. I giornalisti raccontarono di un vecchio con gli occhi accesi e i modi spicci, il quale pareva essersi appena alzato dal letto dopo le famose quattordici ore di sonno. Ed era come se, in qualche modo, Culo di ferro (così lo chiamarono dopo il trionfo nella Parigi-Brest-Parigi del 1901, milleduecento chilometri in 52 ore e 11 minuti, media 22,995; il secondo arrivò dopo un'ora e 55 minuti e si chiamava Rivierre) fosse ancora seduto accanto al fiume a pescare. Le cronache di quel giorno del 1953 riportano i ricordi di Garin, «primo soldato della Grand'Armée della bicicletta», come lo definì Orio Vergani.

«Sono nato ad Arvier, nella Vallée d'Aoste, la frazione si chiamava Chez les Garin perché cinque delle sette famiglie che ci abitavano erano dei Garin, eravamo insomma tutti parenti. Mio padre era un *patelin*, un calderaio e si chiamava Clément Maurice. La mia mamma, Maria Teresa Osello, era piemontese e faceva la cameriera d'albergo ad Arvier, dove papà se ne innamorò. Io ero il quarto di nove figli. Mio padre emigrò in Francia per fame, e io c'ero già andato per fare lo spazzacamino: fu una buona scelta. Ho cominciato a lavorare a Lens, dalle parti di Lille, dove attacca il pavé della Roubaix. Si vede che il mio destino era mangiare fuliggine, e poi la polvere delle strade. Quando *père* Desgrange lanciò il primo Tour nel 1903, io avevo già vinto due Parigi-Roubaix, la Bordeaux-Parigi e poi la corsa più lunga del mondo, la Parigi-Brest-Parigi in un'unica tirata: arrivai al Parc des Princes sei ore avanti il previsto. Non volevano credere che fossi il primo classificato e che fossi già lì. Da tre giorni non dormivo; il custode mi portò un catino d'acqua e una fetta di pane e lardo. E anche se io amo di più il bianco, un bicchiere di vino rosso giù per la strozza mi fece piacere.»

Senza bisogno di troppe sollecitazioni, il pioniere Garin passò a narrare le gesta del suo primo Tour. «Non si correva mica tutti i giorni. Le tappe erano lunghissime, da 400 a 500 chilometri, e tra l'una e l'altra ci fermavamo quattro o cinque giorni. Fu così che dopo la prima vittoria mi misi a dormire, a mangiare, a bere e a pescare. Le nostre biciclette pesavano quindici chili, avevano un solo freno sulla ruota davanti e niente ruota libera, c'era il pignone fisso e non si poteva mai smettere di pedalare. Solo un minatore, o uno spazzacamino come me, potevano farlo come una cosa naturale, comunque sempre meno faticosa del mestiere di ogni giorno. Quando un sasso oppure un chiodo ci mettevano a terra, era la volta di un tubolare nuovo e quando non ne avevamo più, ci fermavamo a rappezzare.» A questo punto, i cronisti chiesero a Garin quanto si guadagnasse in quell'inferno polveroso. «Un primo posto al Tour fruttava 12 mila franchi, alla Parigi-Brest-Parigi 20 mila. Insomma, ci si poteva comprare un piccolo pezzo di terra e costruirci una casetta.»

Maurice Garin andava fierissimo di un dagherrotipo dell'epoca: il famoso prefetto di Parigi, Monsieur Lépine, con la tuba e in redingote gli stringe la mano all'arrivo, al Parc. «Ho conservato il passaporto italiano e ho fatto la guerra, sono un veterano della Grand'Armée.»

Valdostano? Francese? Un documento ritrovato di recente negli archivi del municipio di Châlons-en-Champagne ha dimostrato che Garin non optò per la cittadinanza francese una volta maggiorenne, ma fu naturalizzato solo nel 1901, a trent'anni e mezzo. Dunque, aveva vinto le sue prime corse da italiano, compresa la leggendaria Roubaix.

Nessun dubbio, invece, che Culo di ferro fosse già francese quando si presentò alla partenza del Tour appena nato, il pomeriggio del primo luglio 1903, davanti al Café Réveil-Matin di Montgéron, mentre suonava un'orchestrina. Ha ormai trentadue anni, il numero 1 sul telaio della bici e una fascia rossa al braccio. È il favorito. Si è già sposato una seconda volta (in tutto, saranno quattro) e ha un figlio. Viene giudicato il più resistente corridore ciclista del mondo, il più tenace, assolutamente impermeabile alla fatica e al dolore. Ci sono non pochi tifosi ad applaudire i forzati del manubrio. Personaggi da romanzo, tutti. Con il numero 2 ecco Gustave Pasquier detto il Barbuto volante. Con il numero 3 Lucien Barroy, il Macellaio di Sens. Con il numero 5 Foureaux, il Campione dei falegnami; con l'8 Aucoutourier, il Terribile; con il 17 Pagie, il Principe dei minatori. In mezzo a questa bella compagnia figura pure un italiano, persino più italiano di Garin, anche se il nome è mezzo tedesco: si chiama infatti Rodolfo Muller e viene da Livorno. Di teutonico ha i capelli biondi e il viso delicato. Lo descrivono «un po' artista, un po' poeta». Non ha soprannomi e gli piace mandare resoconti dai luoghi toccati dalla corsa, tipo Nîmes, della quale scriverà con ardore: «Mi sono fermato in questa vecchia città, felice di poter ammirare sotto la luna le antiche arene che dormono il loro sonno di vecchiaia abbandonata». Oppure, qualche riga dal tono più pragmatico: «Per fortuna, niente cani sulla via di Fontainebleau». Anche il sensibile Muller, però, è un rude faticatore senza paura. Nel 1902 è riuscito ad arrivare secondo alla Marsiglia-Parigi alle spalle di Lucien Lesna, detto il Levriero.

È un ciclismo di sforzi disumani e vicende pazzesche,

una somma algebrica di maratone che si corrono soprattutto di notte, altrimenti non ci sarebbe tempo di coprire tutto il percorso. E poi gli agguati dei cani, o dei tifosi inferociti che parteggiano per l'uno e non disdegnano di prendere a sassate o a schioppettate l'altro, oltre alle diarree fulminanti e alle crisi di fame e sete. Senza dimenticare, già allora, la chimica: i pionieri con i baffoni a manubrio (anche Garin li ha) possono ingurgitare qualunque miscela, perché non esistono controlli antidoping. L'unica verifica, da parte dei giudici di gara, riguarda il tracciato: i corridori devono percorrerlo senza barare, dimostrando con uno scarabocchio sul «foglio firma» di essere effettivamente passati di lì. La stanchezza e la tentazione di alleviarla costeranno care proprio a Garin, e agli altri primi tre classificati al Tour del 1904: la giuria li cancellerà dall'ordine d'arrivo, perché costoro avrebbero preso un treno per accorciare alcuni tratti di corsa. Garin negherà fino all'ultimo dei suoi giorni, anche se questa disavventura gli troncherà in anticipo la carriera.

Nessuna ombra, invece, sulla romanzesca impresa del 1903. Si parte alle tre e un quarto del pomeriggio del primo luglio, e tra i corridori «isolati» (le squadre, di fatto, non esistono ed è battaglia di *omnia contra omnes*) figura un certo Dargassies, fabbro a Montauban. È venuto in bici a Parigi per iscriversi: nel suo villaggio non arrivano i giornali e quindi non ha potuto spedire il tagliando pubblicato da «L'Auto». Sarà uno dei personaggi più bizzarri, un po' per l'allegria scanzonata e molto per l'abitudine di mangiare continuamente aglio in corsa. Nella sua prima gara vera, finirà undicesimo.

La tappa d'esordio la vince Culo di ferro dentro un caldo atroce, però lui se l'augurava perché quando la terra bolle va ancora più forte. A Moulins (chilometro 281), Garin e il ventunenne Pagie hanno un quarto d'ora di vantaggio. Aucouturier si è già ritirato per colpa di una gassosa all'acido solforico, almeno questa è la sua tesi, anche se pare che nella borraccia ci fosse ben altro. Il nostro Garin è generoso e aiuta il compagno di fuga Pagie, dandogli da bere e da mangiare. In realtà, ha solo bisogno di qualcuno con cui dividere lo sforzo, e quando sarà ora il giovanotto verrà staccato senza troppi complimenti: arriverà secondo. A seguire, per Garin, la ben nota bisboccia.

Delle altre cinque tappe, Culo di ferro ne vincerà due, la penultima (Bordeaux-Nantes, complice la crisi e il ritiro di Léon Georget per eccesso di biscotti, fragole e vino rosso «Brutal») e l'ultima, da Nantes a Parigi (Ville d'Avray), 471 chilometri, un successo facile ottenuto con un allungo all'ultimo chilometro. Anche se l'episodio più curioso avviene nella terza tappa, da Marsiglia a Tolosa, quando in piena notte metà gruppo sbaglia strada a un bivio e perde mezz'ora. Tra i distratti c'è pure Garin, il quale non rischia comunque la vittoria finale perché è troppo il vantaggio, ed esagerata la differenza rispetto agli avversari. Maurice Garin vince tre tappe su sei, le due più lunghe, la prima e l'ultima. Il Tour de France gli appartiene in modo esclusivo, compreso l'orgoglio con cui commenterà l'impresa: «Prima d'essere un campione, io sono un figlio del popolo».

Un figlio del popolo esile come fil di ferro, 162 centimetri per 63 chilogrammi, un corpo in apparenza fatto di niente che gli permette di calarsi nei camini e restare ragazzino per sempre, nero di fuliggine, rosso di sudore. La rivoluzione industriale brucia carbone nelle fornaci, è questo il combustibile del futuro e occorrono ometti capaci di mantenerne puliti e aperti gli sfoghi: da qualche parte il futuro deve pur uscire per librarsi nell'aria. È così che Maurice, mezzo nano e mezzo speleologo, tempra muscoli e spirito per qualunque sforzo a venire. Niente lo può spaventare, niente lo potrà ferire. Anche se poi ci riusciranno la squalifica e il sospetto di avere truccato le carte. «Mai avrei preso un treno per fare meno strada, perché la strada era tutta la mia vita», racconterà mille volte Garin a quelli che lo andranno ad ascoltare, prima nel piccolo spaccio di bottiglie e biciclette a Lens, poi nel distributore di benzina abbattuto dalle bombe nel 1944. Pazienza, memoria, bistecche e vino bianco, così Culo di ferro porterà la sua gloria sulla canna della bici fino all'ultimo giorno. A volte gli sembrerà di vedere, in trasparenza, le acque calme del Rodano in un mattino di luglio.

LUIGI GANNA, 20 MAGGIO 1909

Il Luisòn si mette un tovagliolo sotto il berretto per coprirsi la nuca, come fanno gli esploratori dell'Africa nera. Come fanno pure i muratori, i *magutt* lombardi, infatti lui è uno di loro. Ora che si sta per partire, chiameranno il suo nome all'appello di tappa, il suo nome sconfitto ieri l'altro sul traguardo di Napoli dopo 243 chilometri, quattro forature, un paio di cadute, inutili inseguimenti e anche lacrime, sì, le lacrime: il grande Ganna che piange appoggiato al parapetto di un ponte. Il Luisòn sapeva che il Giro d'Italia è una burla di polvere e sangue, pietre e dolori, però non pensava di arrivare a tanto. Cinquantuno minuti di ritardo dalle gole di Popoli – dalle crepe del monte piovevano acqua e fango – fino a Sulmona, poi Pettorano e Roccaraso, «un tratto di Svizzera tra rocce d'Arabia», qui il destino pare placato e invece è solo una pausa prima di mordere ancora.

Il disastro si compie scendendo dal Macerone, ancora una gomma bucata e poi il tuffo verso la pianura, l'inseguimento ingobbito come un asino da macellare per farne salami. Cinquantuno minuti di ritardo a Napoli, undicesima posizione, forse la sua corsa è già finita. Eppure le lacrime si asciugano presto, rigando il volto come il rimmel sfatto di una donna. Tutto passato. Luigi Ganna è un duro, è un buonuomo intagliato nella quercia, è come le pile di mattoni che porta su e giù in cantiere, cinquanta chilometri all'andata e cinquanta al ritorno fanno un totale di cento chilometri al giorno solo per lavorare, da Induno Olona a Milano e dietrofront. Al manubrio della sua bici, il Luisòn appende una sacca con dentro una pagnotta, una bottiglia di vino e una di acqua zuccherata. Pedalare e basta, all'inizio, gli pare quasi un riposo.

Appena quattro anni prima, eccolo lavarsi in un mastello nel cortiletto di un'osteria, dopo la sua prima Milano-Sanremo. Correva di nascosto, per non farlo sapere ai genitori contadini: che mestiere potrà mai essere la bicicletta? Primo il leggendario Gerbi, il Diavolo rosso, secondo Rossignoli «dalla barbara pedalata», terzo l'esordiente Ganna Luigi da Induno Olona, provincia di Varese, professione muratore. Gli organizzatori della corsa lo stanno cercando per dargli il premio che gli spetta: 18 lire. E arriverà anche il contratto con la Bianchi: 200 lire al mese per dieci mesi l'anno. È tempo di lasciare i mattoni e dedicarsi ad altri pesi, lo capiscono anche a casa: il Luisòn sarà corridore ciclista!

Alla partenza del primo Giro d'Italia, la notte del 13 maggio 1909 (appena una settimana fa perché oggi è il 20 maggio e si deve andare nientemeno che a Roma) i milanesi cercavano Luigi Ganna e gli altri campioni con il lanternino. Erano loro, le stelle. Ecco l'astigiano Gerbi, il *sciur Diavul*, colui che per vincere non conosce vergogna né freni. Ecco l'*aucatt* Pavesi, ecco Cuniolo, detto il Manina perché nelle volate non le tiene mai sul manubrio. Ecco Luisòn il muratore, il Gana, il suo corpo è possente, il suo viso è buono, la sua immagine di atleta esprime pura potenza. Non è scaltro, non è perfido, non è beffardo. È, semplicemente, fortissimo.

I cronisti sono cantori, sono tutti dannunziani. «Ah, notte indimenticabile! Milano sportiva ha vegliato. Sono le 2.53, i piedi scalpitano, i garretti scattano, il piccolo esercito di ciclisti si stacca. La folla scoppia in un ululato!» Guardateli in fila per quattro: 127 ciclisti vestiti di buio, paura e avventura. I campioni potranno riposare nelle locande, una volta arrivati (un giorno si corre e un altro, oppure due, si riposa), i peones si cercheranno un fienile e da mangiare, se ce n'è. Alla «Gazzetta dello Sport», che ha rubato l'idea al «Corriere della Sera», copiando il Tour, hanno pensato quasi a tutto: otto tappe da Milano a Milano passando per Bologna, Chieti, Napoli, Roma, Firenze, Genova e Torino; saranno 2448 chilometri in diciassette giorni, la frazione più corta 206 chilometri, la più lunga 378; il premio complessivo è di 25 mila lire, il vincitore ne avrà più di cinquemilatrecento. Si può far fortuna spingendo quelle pedivelle sulle strade bianche, ma attenti ai cani, ai velocipedastri, alle buche, ai carri, ai chiodi, alle rupi della picchiata, alle rampe della scalata. Attenti a non morire.

La bici, all'inizio del Novecento, è il prodotto industriale più diffuso. Costa tanto: 120 lire per un attrezzo di media qualità, ma non è irraggiungibile. E se uno è capace di montarsela da solo, risparmia, anche se dal 1897 esiste l'odiata tassa di circolazione di dieci lire annue. In Italia ce ne sono già mezzo milione, gli operai guadagnano da una a quattro lire al giorno, da appena sette anni è stato proibito il lavoro a chi ne ha meno di dodici, una persona su due non sa leggere né scrivere, compresi molti ciclisti che firmano il foglio di partenza con una croce. E per essere certi che anche all'arrivo siano proprio loro, si confrontano le facce sfatte con le fotografie scattate prima del via. E poi bisogna mettere croci, o autografi i più raffinati, anche in alcuni punti di controllo lungo il tracciato, a sorpresa, per scoraggiare la grande tentazione del treno. C'è chi lo fa ugualmente, cercando una strada ferrata, saltando sul primo convoglio per risparmiare un po' di fatica. Ne scenderanno rinfrancati, e più spesso squalificati. Come Brambilla Giuseppe, che alla partenza di quella Napoli-Roma, 20 maggio 1909, 228 chilometri da ingoiare, viene escluso dalla giuria per indebito passaggio sul treno due giorni prima. Il Brambilla sbraita, si dimena, provano a tenerlo in quattro, urla che non è vero niente, afferra una bottiglia e minaccia di spaccarla sulla testa di chi lo ha denunciato. Alla fine i carabinieri devono chiuderlo in uno sgabuzzino, per liberarlo dopo che il gruppo è ormai fuggito nella polvere dell'orizzonte.

Fu un gran miscuglio di storie e di sogni il primo Giro d'Italia dei pionieri. Partenza alle tre di notte dal Rondò di Loreto, dove un tempo crescevano gli alberi d'alloro e dove una quarantina d'anni più tardi verrà appeso a testa in giù il fascismo. Il gruppo dei 127 prodi è in fondo allo stradone per Monza, oggi corso Buenos Aires, fuori dalla barriera daziaria di Porta Renza, ora Porta Venezia. Il favorito è l'asso francese Lucien Georges Mazan, detto il Piccolo bretone, Petit-Breton: è così che lo conoscono da quando, emigrato in Argentina, si diede quel nome. Un corridore atipico, colto ed elegante, primo recordman dell'ora del Novecento sulla pista parigina dedicata a Buffalo Bill. Vince la Milano-Sanremo nel 1907, trionfa due volte al Tour, è un eroe nazionale, forse la prima star internazionale del ciclismo. Ma la bici è un arnese cattivo. Il memorabile Petit-Breton lo scopre subito, il Giro è un neonato nella culla e già il Diavolo rosso è caduto, ha una ruota spaccata, gli serviranno almeno tre ore per ripararla (il regolamento vieta qualunque aiuto esterno), addio corsa. Così il Piccolo bretone attacca, spinge come un matto nella notte per allontanare la minaccia del Diavolo astigiano, l'unico che gli metta davvero paura. Ma poi, inspiegabilmente, lo vedono zigzagare sulla strada verso Peschiera, solo al comando eppure svuotato in una specie di delirio ubriaco. Petit-Breton pedala e impreca. Ma c'è anche chi lo vedrà sbattere contro un mucchio di sassi mentre si distrae per addentare un pollo. Sia come sia, il leggendario bretone si ritira e la prima tappa all'ippodromo Zappoli di Bologna la vince Dario Beni, romano, davanti a Pesce, al tipografo Galetti e al muratore Ganna, che era caduto ma si piazza ugualmente. Ancora non esiste la maglia rosa (verrà inventata solo nel 1931) e la classifica non tiene conto dei tempi ma dei punti: al vincitore ne viene assegnato uno, al secondo due e via di seguito. Vincerà chi avrà il punteggio più basso.

Sembra quasi distratto, il Luisòn. Come se, per una volta, la potenza non gli bastasse. Nella seconda tappa da Bologna a Chieti con arrivo in salita, il 16 maggio, sbaglia l'ultima curva e viene battuto dal tortonese Giovanni Cuniolo. E poi il tappone della iella e delle lacrime da Chieti a Napoli, un calvario per il grande Ganna che pochi mesi prima aveva vinto la corsa più bella d'Italia, la Milano-Sanremo.

C'era un tepore, quel giorno in Riviera, proprio come a Napoli il 19 maggio, un giorno importante per Ganna, perché è così che riesce a ricaricarsi, tornando lieto e forte. Dorme come un sasso e pensa che nulla è perduto. Gli piace questo bel sole meridionale, e per ripararsi la nuca usa il trucco dell'esploratore. Oggi attaccherà, è deciso. Lo fa già a Montecassino, dov'è solo al comando. Come i grandissimi del ciclismo che lo seguiranno, cavalcando tutto il secolo appena nato, da Coppi a Indurain, da Binda ad Armstrong, da Girardengo a Merckx, anche il ciclopico Ganna non ha bisogno di troppi scatti per sgretolare: gli basta spingere. La potenza è progressione, assoluto controllo di sé. Un gesto di forma circolare, una cadenza che sembra assecondare i ritmi della natura. Il campione spinge e va, mettendo una pedalata dopo l'altra, come il sole si alterna alla luna nel cielo, è un ciclo di maree, è il ritmico ritorno delle stagioni.

Luigi Ganna non molla un metro a nessuno. Va per Roccasecca, Ceprano, Frosinone, toglie dalla scia un avversario dopo l'altro, come un motoscafo che solchi le onde e lasci indietro la spuma. Soltanto un umile, tenace dilettante di nome Carlo Oriani riesce a non farsi staccare dal lombardo che già solca la Casilina, è sotto gli archi dell'Aqua Claudia, verso Porta Maggiore. Il Luisòn vince in volata e torna primo in classifica. La sua impresa, la prima vittoria di Ganna al Giro d'Italia, viene comunicata con dispacci telegrafici che saranno appesi in Galleria, a Milano, dove Ganna è atteso come un profeta. Infatti, vince ancora a Firenze e a Torino, dove arriva solo.

Eppure non è finita. Ganna ha 22 punti, Galetti 25, Rossignoli 33. Deciderà tutto l'ultima tappa da Torino a Milano: per la carta geografica 127 chilometri, ma i ciclisti ne percorreranno 206 perché gli organizzatori Cougnet e Costamagna li fanno andare avanti e indietro, come richiede lo spettacolo. Il ciclismo si nutre di carne umana, per questo è così florido.

All'altezza di Borgomanero, chilometri 75 all'arrivo, Luigi Ganna fora. Il momento è solenne. Lo attaccano in sei: Galetti, Rossignoli, Oriani, Canepari, Beni e Azzolini. Il Luisòn è quasi perduto, ma per una volta lo soccorre la buona sorte, forse per ripagarlo dei terribili colpi presi da Chieti a Napoli: nei pressi di Rho, un passaggio a livello ferma la fuga del sestetto e permette a Ganna di rientrare, dunque la tappa e il Giro saranno conquistati o perduti in volata, sulla strada del Sempione alla periferia di Milano. Vince di nuovo il romano Beni, secondo è Galetti, terzo è Ganna e tanto gli basta: la corsa è sua con 25 punti contro i 27 dello scaltro rivale, l'ex tipografo. Se si fosse tenuto conto dei tempi e del cronometro, Rossignoli avrebbe dominato con 23 minuti di vantaggio su Galetti e 36 su Ganna.

Poi i corridori vengono portati all'Arena, dove centomila persone li stanno aspettando. Ed è qui che Ganna rilascia la più famosa, concisa ed eloquente intervista della storia dello sport. Campione, qual è la sua impressione a caldo dopo il trionfo? «La mia impressione a caldo? Me brusa tanto el cu.» Su quella sella rudimentale, Ganna è rimasto più di novanta ore in diciassette giorni.

Con i denari del successo, «il buon Ganna» si sposa, costruisce casa e apre una piccola fabbrica di biciclette, sette operai e tre velocipedi al giorno. Sarà il suo modo per restare nel ciclismo, per respirare quell'aria dopo una carriera che si chiude con la Grande guerra, con una ventina di vittorie dal 1905 al 1915, illuminate dalla luce magica e drammatica che accompagna le cose al loro nascere. Le bici «Ganna» vinceranno le Olimpiadi del 1932 con Attilio Pavesi, primo nella cento chilometri a cronometro; serviranno i partigiani della 121ª Brigata Garibaldi ai quali il Luisòn ne aveva donate un buon numero; e una «Ganna», soprattutto, vincerà il Giro d'Italia quarantadue anni dopo l'impresa di colui che le diede il nome. È l'edizione del 1951, quella del trionfo di Fiorenzo Magni. La bicicletta non è più l'arnese con il pignone fisso, senza freni e 5,2 metri a pedalata, ma un gioiello della più moderna tecnica. Il vecchio Ganna accarezza quella bici e la guarda luccicare come l'ultima stella di una notte lontana.

GIOVANNI GERBI, 12 NOVEMBRE 1905

Lo chiamavano Testa quadra perché, davvero, l'aveva così. E da bambino gli ripetevano: «Fate furb», fatti furbo. Lui provò. E venne cacciato dalla scuola pubblica a dodici anni. Fu garzone, scalpellino, sarto, fornaio. Mise da parte trenta lire, facendosi furbo: una cifra enorme nel 1902. E con quelle si comprò la prima bici, rossa. E la maglia per correre, rossa. Poi passa il tempo.

E adesso eccolo qui, Giovanni Gerbi l'astigiano. Anche le scarpe sono rosse, e le cinghiette dei pedali. Si sta massaggiando le gambe con un bendame intriso d'alcol, lanciando sguardi obliqui. È in Piazza d'Armi, a Milano, e domani si correrà il primo Giro di Lombardia. Pomeriggio dell'undici novembre 1905, vigilia della corsa che non c'era mai stata. Un venditore d'angurie, tal Granida, ha organizzato una gara d'allenamento per i ciclisti iscritti al Lombardia, li ha radunati in piazza e ha detto: le quattro strade all'incrocio saranno il vostro circuito, e il premio lo metto io. La Testa quadra ha pensato che si sarebbe allenato così, mettendo pure in tasca i denari. Altri nove o dieci non si sono tirati indietro, anche se temono il piemontese, lo chiamano il Delinquente, sanno che per la vittoria è capace di tutto. È perfido, astutissimo, sa far male ed è resistente più di una bestia. Lo guardano senza darlo a vedere, altrimenti Gerbi si impermalosisce. Ma perché sta prendendo tre mattoni? Perché li lega con il filo di ferro? Perché li aggancia alla sella? Per provocarli. Per dire: vinco anche con il peso, anche zavorrato sono più forte di voi. Ora monta in sella, quel diavolo, e fa le sue solite acrobazie. Un solo salto e ha già messo le gomme sul bordo del paracarro, dove – saltimbanco da circo – ora ondeggia senza cascare. Nel farlo assume quel suo ghigno, la bocca è una piega amara. Testa quadra è stato un bambino infelice, e questo rimane per la vita.

«Alura, n'duma?» La strana corsa è già partita, un mingherlino con la maglia grigia prova a passare Giovanni Gerbi sulla corda, tenendo la traiettoria più breve. E quasi lo canzona, mentre lo fa. Ignora, lo stolto, di avere sfidato il più crudele dei ciclisti mondiali, uno che se potesse ti assassinerebbe con lo sguardo. Il Diavolo lo riprende e minaccia di colpirlo con la mano, poi va a vincere senza sforzo la gara delle quattro strade, e già un pubblico improvvisato lo indica con il dito. Quel matto, quella faccia da galera è il *sciur Diavul*, il famoso Giovanni Gerbi da Asti, colui che gli sportivi appassionati della bici conoscono come Diavolo rosso. Fu un parroco a soprannominarlo così, quando l'indemoniato precipitò con la bicicletta dentro una processione, tra i fedeli e la statua della Madonna, e il prete se ne uscì esclamando: «A chi l'è cul là? Al Diau?» Non si facevano troppe storie a Borgo Trincere, il paese dell'Astigiano nel quale Gerbi nacque il 20 maggio 1885, signore dei ciclisti matti, imperatore degli zingari, sovrano degli artisti di strada. Una genìa folle che mette insieme passione e denari in spettacoli di urla, polvere e sangue. Anche se si corre per il chiosco dei cocomeri.

Quando, il mattino dopo, Gerbi si presenta alla partenza del Giro di Lombardia, ha ancora in corpo il calore del giorno prima, e forse qualche sorso di sangue di bue oppure un infuso di coca: ci si aiuta così, per arrivare alla fine di trecento o quattrocento chilometri di strazio. I corridori sono bestie da soma, alla punzonatura quasi tutti firmano tracciando una croce: la stessa che portano in spalla, loro e le loro bici di ferro. Ma il signor Diavolo è diverso. Sa che conta come appari, come ti mostri al mondo. Perciò s'è fatto rosso di maglia e di cuore. Perciò porta i capelli quasi rapati a zero, da galeotto, e questo aggiunge veleno alla luce dei suoi piccoli occhi strizzati, due fessure cilestrine senza sopraccigli. È sempre corrucciato. Così appare nelle foto d'epoca.

Lui sa già tutto del percorso. Ha passato i giorni a rifarlo, metro dopo metro, nella solitudine della pianura. Ha scoperto che nei pressi di Lodi (la corsa si snoderà da Milano a Crema, Bergamo, Como, Varese, Gallarate e ritornerà a Milano) c'è un lungo fosso pieno di fango e, dopo, i binari del treno. Le traversine sono bene interrate mentre le rotaie, a un certo punto, si sdoppiano diventando trappole per le ruote dei corridori. E lui, il Diavolo astigiano, è l'unico a montare la camera d'aria dentro il tubolare: più peso e protezione dai colpi, dalle mille ferite della strada. È anche l'unico a depilarsi le gambe: si è accorto che così l'alcol dei massaggi penetra meglio nelle carni e le scalda per bene. Lo dicono tiranno e infingardo, se no che diavolo sarebbe? Ma Gerbi è soprattutto un metodico. Nessuno studia i percorsi quanto lui. Nessuno si allena sempre sull'identico tracciato per misurarlo con l'orologio, e fare oggi meglio di ieri, ma quasi certamente peggio di domani. Ha inventato, senza saperlo, le «ripetute»: scatta in salita, si ferma e scatta ancora, a strappi, solitario come il folle che è. Grida da solo per incitarsi: «Dai piciòt! Dai piciòt!»

Il primo Lombardia parte alle 6.50 spaccate del mattino, a Rogoredo, tra una folla di curiosi con gli occhi stropicciati. Il Diavolo ha già in mente il luogo del tranello. Per non confonderlo (perché la strada è come la porca fatica, tutta uguale), ha scortecciato un palo del telegrafo. Qui, il giorno prima, si è recato all'alba per riempire di ghiaia e argilla il vuoto tra i binari, già pensando di saltare tra i ferri all'altezza dell'ago dello scambio, così che gli avversari lo prendano per suonato. Andrà certamente a cadere, infilandosi là. Ma Gerbi ha costruito il suo tappeto invisibile, a lui solo conosciuto, e lo userà per scappare lontano.

Ci sono il muratore Ganna, c'è Cuniolo detto Manina, quello che allo sprint non riesce mai a tenere le mani sul manubrio e le usa invece per uncinare aria e avversari. Lui no, il Diavolo rosso non ha lo scatto dello sprinter e per vincere deve arrivare da solo, deve colpire prima come un sicario. C'è il temibile Galetti, c'è Rossignoli e ce ne sono altri cinquanta, compreso il magrolino in maglia grigia che il giorno prima ha avuto l'ardire di quell'inutile sorpasso. Non ci riproverà. È una domenica di pioggia malefica, e i freni stridono con la loro voce di metallo.

Fango e freddo, poi il gruppo si muove. A Lecco, al primo traguardo a premi, Giovanni Gerbi ha già venti minuti di vantaggio su tutti. Girano bene le gambe, maledette loro. Però, a mezzogiorno, ecco che il Diavolo viene ripreso, forse ha rallentato, forse oggi non va tanto. Fa finta? È fiacco? Provoca per diletto? Ora si ferma lungo una siepe, si accovaccia, nessuno guardi il Diavolo mentre fa i bisogni. Lo vedono, invece, e lo attaccano, uno è il Cuniolo, e Gerbi già lo insulta rimontando in sella, picchiando sui pedali come per far male al ferro. Urla anche ai tifosi, il Diavolo: che gettino chiodi, che prendano a sberle i suoi nemici. Lo fa per darsi la carica, e perché sa che ogni tanto qualcuno lo ascolta. Tante ne ha viste, di cose impossibili, snodarsi lungo la strada. Tante ne ha pensate e ne penserà di terribili: le chiamano scorrettezze ma per lui sono idee, sono i guizzi del genio.

Come quando si accordò con un altro ciclista perché provocasse una caduta generale, poi organizzò un manipolo di tifosi perché bastonassero i suoi rivali a un passaggio a livello fatto abbassare apposta, poi ancora si fece dare il cambio da un gruppo di ciclisti ritirati che l'avevano raggiunto attraverso una scorciatoia. Squalificato.

Come quando si fece trainare da un sidecar. Un'altra volta, prese per il collo il francese Garrigou alla Milano-Sanremo, sapendosi battuto in volata, per favorire il leggendario Petit-Breton con cui s'era accordato.

Svirgolò tra i paracarri perché gli altri cascassero, nell'assurda vanagloria dell'inseguimento. Sua Signora la sfortuna, è stata lei la coda del Diavolo. Quante volte ha inseguito, braccato, carpito Giovanni Gerbi l'astigiano per fargli male, per sbatterlo giù dalla bici e dalla gloria. E mai che il campione non abbia raccolto la sfida della «dama dai denti verdi» (così i ciclisti chiamavano, all'epoca, la iella), mai una volta che non si sia rialzato. «Morire si deve, però morire in piedi.»

Cadde al velodromo di Londra in una gara dietro motori, picchiò la testa e rimase in coma quattro giorni, ma poi come un gatto rinacque. Una volta cascò tra i rovi, si fermò, raggiunse una farmacia, s'avvide del ritorno degli avversari, mollò bende e unguenti per saltare in bici, riprendere tutti, superarli e batterli sprizzando sangue come un'allegra fontanella, e la gente intorno impazziva.

Fu il primo italiano al Tour de France, nel 1904, e sul Col de la Republique i tifosi di un certo Fauré, nazionalisti, presero a bastonate i ciclisti alla cieca, volendo colpire specialmente il primo in classifica, Garin, ma finendo per spezzare le dita anche a lui, al Diavolo, che non aveva alcuna intenzione di mollare il manubrio. E lo avrebbero picchiato in testa, forse ucciso, se qualcuno non avesse esploso rivoltellate al cielo.

Si presentò alla partenza del primo Giro d'Italia, nell'alba milanese del 13 maggio 1909, e il tifo era solo per lui, c'erano luci di lanterne come in pieno giorno, e clacson, ma dopo appena due chilometri un bambino gli corse incontro perché voleva abbracciare il *sciur Diavul* e così lo fece cadere, e si storse la ruota, e Gerbi cercò un'officina per ripararla da solo, senza aiuto alcuno, come da regolamento: ci mise tre ore e addio Giro d'Italia.

Sempre al Tour, ma stavolta è il 1908, è in testa nella tappa di Nizza, guizzante ed elettrico, però finisce con la ruota nelle rotaie del tram e la spacca, così decide di portarsi ugualmente all'arrivo a piedi piazzandosi settimo; gli altri però sono in bici, imprecando come solo all'inferno. Quante storie dentro e fuori il romanzo di quest'uomo, di questa testa quadra cattiva, coraggiosa, indistruttibile.

Come quando vinse la Milano-Torino con più di mezz'ora sul secondo, ma si presentò talmente in anticipo in corso Casale che ancora non avevano montato lo striscione del traguardo, e neppure c'era la giuria che arrivò dopo, con il treno in ritardo, e lui, nel frattempo, s'era riparato al bar. Un altro giorno ruppe il manubrio, e lo sostituì con un ramo d'albero e così arrivò, trionfatore.

Decide di tornare a correre dopo il ritiro, nel 1932: ha già quarantasette anni, però si iscrive lo stesso alla Milano-Sanremo e la chiude all'ottantaduesimo posto, impiegando un'ora e mezza in meno rispetto alla prima volta, nel 1907. È completamente matto. Si presenta alla Milano-Erba un quarto d'ora dopo la partenza degli altri: lui e il suo amico e collega Remondino non hanno sentito la sveglia alla locanda. Non importa, scattano a razzo e raggiungono il gruppo per andare verso il trionfo, primo il Diavolo, secondo l'amico.

Dentro le sue strambe avventure, Gerbi trova la vittoria in molte classiche sfiancanti ma non la fortuna nelle gare a tappe: al Tour si ritira due volte su tre (la dama gli mostrerà sempre i denti verdognoli), al Giro ottiene solo due terzi posti, anche se è lui la stella incontrastata, il più potente, il più meticoloso (studia anche una modifica alla sella per renderla più filante, oggi si direbbe più aerodinamica), il più amato, il più odiato.

Ma, ormai, il Giro di Lombardia 1905 è già sullo stradone per Lodi, dove i binari del treno solcano la strada bianca, come una ferita. Il Diavolo vede il palo del telegrafo scorticato, riconosce il segnale, piazza la ruota sull'invisibile tappeto di fango e poi salta oltre lo scambio delle rotaie. Gli altri dietro, però alla cieca. Difatti cadono ed è un'ecatombe, un nodo di telai aggrovigliati. Non tutti finiscono a terra. Si salva lo scaltro, odiatissimo Cuniolo, altri rinvengono. Quale trappola sarà mai definitiva? Il Diavolo dovrà attaccare ancora e lo fa, sulla strada paludosa verso Crema. Scatta, scarta, Cuniolo s'arrota con un paio di distratti, ora Gerbi è di nuovo solo e senza i chiodi, senza i trucchi. Vola a Milano, taglia come un rasoio la folla acclamante ma, a dieci metri dal traguardo, si ferma e scende dalla bici. «Sapete, mi sono persino fermato a Varese per fare colazione.» Non è impazzito del tutto, sta solo consumando la perfidia estrema: attendere Cuniolo e il ricciuto Rossignoli che già impolverano l'ultima curva, là in fondo, lasciarli avvicinare fin quasi allo striscione, infine zompare di nuovo in sella e beffarli di più, sghignazzando.

Perché l'avventura si deve vivere fino in fondo, all'estremo, toccando gli ultimi angoli della casa del Diavolo. Giovanni Gerbi l'astigiano non si fermerà. In quel 1932 che lo rivede alla Sanremo, decide di diventare il più vecchio iscritto al Giro d'Italia di tutti i tempi. E parte da Milano insieme a Girardengo, che è quasi alla fine; insieme a Guerra e ad Antonio Pesenti, bergamasco, che sarà il trionfatore. Resiste appena cinque tappe, poi scivola fuori tempo massimo. Ma non molla. Morir si deve, però in piedi. Così corre le altre tappe fuori classifica, accolto e atteso dalla gente come un eroe. Tuttavia, quando il 5 giugno arriva all'Arena milanese non c'è più nessuno, solo l'anello deserto della pista. Ma quando il Diavolo strizza bene gli occhi, vede una figura di donna. Sua moglie, con un mazzo di rose rosse.

COSTANTE GIRARDENGO, 13 MARZO 1964

Due occhi da cinese fissano il direttore del carcere di Alessandria. Quegli occhi sono gran parte di un uomo. Una leggenda, un elegante signore di settant'anni, un campione famoso che in questo mattino di marzo è entrato dentro la prigione per fare una proposta. Naturalmente il direttore ha sentito molto parlare di lui, come tutti. Suo padre gli narrò in sogno i giorni passati ad aspettare le corse sulle strade bianche della provincia, la Milano-Sanremo specialmente. Quella strana, lunghissima gara dalla nebbia al mare, che prima di raggiungere le mimose attraversa la pianura alessandrina e sfiora i luoghi di Fausto Coppi, l'Airone, e di Costante Girardengo, il primo Campionissimo. Lo aveva battezzato in questo modo un giornalista della «Gazzetta dello Sport», Nino Salvaneschi, e poi il soprannome l'aveva adottato Emilio Colombo, il direttore della Rosea.

E adesso eccolo in carne e ossa, Girardengo. Il direttore della prigione pensa che è davvero un omino, l'Omino di Novi. Il torace è stretto nella giacca che il vecchio campione non si sbottona neppure quando si siede, non gli pare cosa educata. Si liscia i capelli con la mano, più radi che nelle fotografie ma pur sempre ordinati, e tenuti insieme dal Brylcreem. Era memorabile, Girardengo, soprattutto per tre cose: perché vinceva sempre la maglia tricolore (nove volte), perché nella strana e assurda corsa dalla nebbia al mare arrivava quasi sempre primo (sei volte) e perché era astutissimo. Quando strizzava le palpebre da mandarino, abbozzando un mezzo sorriso, voleva dire che ti aveva già fregato.

E cosa vorrà mai oggi, in questo posto senza gloria, il più famoso campione dell'Alessandrino? Perché Girardengo arriva dal mito, è come un eroe greco, le sue gesta stanno già nei libri e lì rimarranno, a futura memoria. Come altri campioni di quell'epoca, dentro un'Italia che permetteva a pochissimi atleti di campare di rendita (Fausto sì, lui avrebbe potuto se quattro anni prima non fosse morto in quel modo; Fausto che era miliardario eppure aveva l'ossessione che i soldi non gli sarebbero bastati, ormai ne spendeva troppi e quella donna aveva preteso persino i camerieri in guanti bianchi), anche il vecchio Gira si era messo a costruire biciclette. Un modo per far rendere il nome, per continuare a correre sotto forma di scritta su un telaio cromato, un modo per non sparire e per mettere insieme qualche soldino. Così, il drago della Milano-Sanremo aveva avviato la sua produzione alla fine degli anni Quaranta, appena dopo il ritiro dalle corse, coinvolgendo poi i figli Ettore e Luciano. Ed era andata bene, l'impresa aveva funzionato perché se hai un nome, quel nome rimane. Imperituro, come scrivono i fantasiosi cantori del ciclismo.

Nato il 18 marzo 1893 nella cascina Scarazzolo, periferia di Novi, Girardengo aveva mangiato tanta polvere prima e dopo la Grande guerra, la maledetta che non solo aveva ammazzato milioni di persone, ma aveva pure sciancato la carriera a lui, costretto a ricominciare quasi da zero, come pure accadrà a Coppi una ventina di anni dopo, a cavallo della seconda guerra mondiale. Perché nel 1913 e nel 1914, Girardengo aveva vinto le sue prime maglie tricolori; nel 1913, bersagliere, chiese al suo comandante di poter andare a correre per il titolo italiano perché si partiva non lontano, a Spinetta Marengo. Il comandante gli chiese se per caso fosse matto, e se non si fosse dimenticato di essere un soldato, così Gira scappò dalla caserma, andò a Spinetta Marengo, partì, vinse e tornò dai commilitoni sventolando una maglia identica alla bandiera; pensava bastasse, ma non fu così. Gli venne risparmiata l'accusa di diserzione, «per meriti sportivi», ma restò in cella di rigore per due settimane. Per sua fortuna, il comandante giunse a capire che quel focoso ragazzo era veramente un campione, così firmò un certificato medico che diagnosticava per Girardengo un'inesistente congiuntivite, in modo che il corridore potesse andare in licenza e allenarsi. Non si sarebbe fermato per nulla al mondo, lo fermò invece la guerra.

Siccome bisogna restare fedeli al proprio nome, Costante lo fu. E riprese a pedalare come se niente fosse. La leggenda cominciò ad accarezzarla proprio a Sanremo, nel 1918, con i cannoni che ancora si udivano in lontananza e le baionette che ancora infilzavano carne umana. Vinse dopo la più lunga fuga della sua serie, centottanta chilometri addirittura, quando lasciò il gruppo a Rivalta Scrivia e si presentò solo in via Roma. Si ricordava, quel giorno, della beffa del 1915, quando pure era arrivato in solitudine, però lo avevano squalificato per un errore di percorso attraversando Porto Maurizio: Girardengo aveva tagliato una circonvallazione, risparmiando per sbaglio duecento metri, e il secondo era a oltre cinque minuti. «Senza quella squalifica, sarei arrivato a sette Sanremo come Merckx, ma non importa mica.» Gli importava, invece, anche se dalla nebbia al mare lui aveva realizzato cose non di questo mondo, per esempio l'ultimo trionfo a trentacinque anni, il 25 marzo 1928. Il rivale Binda, il nuovo fuoriclasse, attacca sul Berta, però il Gira ci crede ancora e stacca gli inseguitori, piomba sul trombettiere di Cittiglio, affianca il magnifico stilista, lo guarda torvo e lo batte in volata. Qualcosa di enorme e mai più rivisto. Per dirla tutta, le Sanremo di Girardengo dovevano essere addirittura otto: quella della squalifica, e quella della caduta. Accade nel 1922, ci sono Brunero e Girardengo a giocarsi la corsa allo sprint, però tutti sanno che Brunero non è un velocista, infatti Gira è già quasi vincitore. Ma uno del pubblico pensa bene di attraversare la strada con una bandiera in mano: centra in pieno il campione di Novi, la Sanremo è persa.

Molte volte chiesero a Costante cosa mai trovasse, lui, nella classicissima di primavera. «È solo che mi piace, mi piace il mare.» E quanto guadagnavi, Costante, a essere sempre primo sotto le palme? «Si aveva un premio di tre-quattromila lire. A me, poi, spettavano altre venti lire a chilometro dalla mia ditta, diecimila in totale: ci si comprava un appartamento! Vi dirò ancora una cosa: nel 1913 ero campione d'Italia, e la Maino mi passava un mensile di ottanta lire. Si diceva in giro che avessi uno stipendio da ministro...» Sono gli anni del Futurismo, Mario Sironi aveva dipinto *Il ciclista* nel 1916, «la bici simbolo di eterno movimento, di spinta continua, di spazio che si fonde con il tempo». Scrivono Prampolini, Pannaggi e Paladini nel loro manifesto futurista del 1922: «Sentiamo meccanicamente, ci sentiamo costruiti in acciaio, anche noi macchine». E la bicicletta diventa, appunto, «congiunzione massima dell'uomo e della macchina».

Senza l'interruzione della guerra, Girardengo sarebbe diventato ancora più ricco. «Ma una volta tornato in bicicletta, avevo una carica doppia.» Quella che gli fece vincere la prima Sanremo con la fuga mostruosa, e il Giro d'Italia nel 1919: sette tappe conquistate, in testa dal primo all'ultimo giorno. L'altro Giro sarebbe arrivato nel 1923, stavolta con otto tappe vinte su dieci. Perché quel nodo di muscoli ben stretti (il massaggiatore cieco Cavanna, il santone di Coppi, sosteneva che quasi non si riusciva a tastarli per troppa compattezza) era agile in salita e potente in pianura, ma la sua vera specialità erano le volate: per coraggio, scaltrezza, mestiere. Si viveva, infatti, l'epoca delle Sei giorni e della pista regina, e il Gira era fondamentalmente un pistard: lì vinse 965 volte, mentre i successi su strada furono 106. Si correva molto nei velodromi, all'estero. Però non si viaggiava troppo, persino il Tour era un'avventura estrema e Girardengo non lo vinse mai: lui era un campione da classiche, e nelle corse più lunghe trionfava solo quando trovava il ritmo giusto, come se dovesse correre dieci Sanremo, una in fila all'altra. Non prese mai neppure la maglia iridata, anche qui per colmo di sfortuna: il mondiale lo inventano solo nel 1927, quando Costante ha già trentaquattro anni, eppure sfiora l'impresa proprio nella prima edizione, sconfitto in Germania solo da Alfredo Binda. A quel tempo, una specie di mondiale era il

Gran Premio Wolber che Girardengo vinse nel 1924, percorrendo 362 chilometri attorno a Parigi, con partenza alle due e mezza di notte. L'Omino di Novi sconfisse allo sprint l'idolo dei francesi, Henri Pélissier.

Perché Girardengo non si spezzava mai. Non vacillò al Giro del 1914, nella Lucca-Roma, 430 chilometri, sedici ore e passa in sella tra allucinazioni per stanchezza e crisi devastanti di fame e sete (le borracce erano piene per un quarto di caffè per restare svegli, per un quarto di cognac per tirarsi su, per un quarto di zucchero per darsi energia e per un quarto d'acqua per dissertarsi). Non era morto neanche quando si prese la Spagnola, prima della guerra, debilitato da una Milano-Roma dove crollò dopo trecento chilometri, squassato dalla febbre. Una resistenza spaventosa, una tempra d'acciaio che gli permise di correre l'ultimo Giro d'Italia nel 1936, a quarantatré anni, quando debuttò Bartali. E proprio alla guida di Gino, dall'ammiraglia, nel 1938 Girardengo seppe finalmente cosa si prova a vincere un Tour de France. Negli anni Trenta era stato il primo atleta al quale avessero dedicato un club: la Ciclistica Costante Girardengo.

È bello quando il tuo nome ti porta in giro per il mondo e ti racconta, anche dopo te stesso e il tuo tempo. Forse è per questo, non solo per i guadagni, che l'Omino di Novi aveva fondato la Costante Girardengo Srl, produzione di biciclette e commercio all'ingrosso. Un marchio per gli appassionati dilettanti e per i campioni, visto che il re dei velocisti Van Steenbergen le cavalcò per vincere ovunque. L'identico sogno di Fausto Coppi, che già aveva acquistato un terreno dalle parti di Tortona per mettersi a fabbricare bici, e con quelle insegnare l'arte del ciclismo ai giovani. Fausto Coppi, colui che non aveva in sorte di vedere la propria vecchiaia. Girardengo se lo ricordava bene quel giovane atleta simile a un pioppo, quando nel 1939 andò in cascina a Castellania per provare a ingaggiarlo per la Maino, anche se il ragazzo era già in parola con la Legnano: aveva fatto tutto Cavanna e lo aspettava Pavesi per crearlo campione. Però, Girardengo è più furbo, e proverà in ogni modo a convincere il padre e lo zio di Fausto. Arriva con la sua Fiat Millecento e la ferma sull'aia, i vecchi Coppi tagliano il salame migliore e stappano il rosso giusto, l'omino che pare un cinese li ubriaca di parole e ficca una penna stilografica tra le dita di Fausto: ecco firmata un'opzione non vincolante, tre gare di prova e poi la Maino deciderà se ingaggiare il pioppo, il garzone di salumiere, oppure no. Quando lo scopre, Cavanna fa il matto. E Pavesi, per conto della Legnano, offre a Coppi settecento lire mensili più la bicicletta. Di nuovo nell'aia e stavolta senza salame, il Cinese spiega che la Maino non potrà arrivare a certe cifre e che, al massimo, si può parlare della bicicletta. I vecchi Coppi, senza tanti giri di parole, rispondono a Girardengo che può tenersela.

Adesso che tanti anni sono passati, il vecchio Gira è qui, seduto nell'ufficio del direttore del carcere, con i bottoni della giacca che tirano, mentre Fausto sta nella terra da una quarantina di mesi. La galera è un posto che Gira ogni tanto sfiorava, in gran segreto, per andare a trovare a Parma il suo amico Sante Pollastro (e non Pollastri come nella canzone), il bandito. Anche se la storia non era proprio andata così. Amici da ragazzi, Sante e Costante, però la vita non rima i nomi: uno campione e quell'altro fuorilegge, rapinatore e assassino. Ricercato dalla polizia del Regno, Pollastro fugge in Francia nel dicembre del 1926, dopo una serie di rapine e omicidi a sangue freddo, cinque morti ammazzati nel giro di poche ore. Negli stessi giorni, Costante è a Parigi per la Sei giorni e Sante decide di andare a trovarlo. Eccolo sulle gradinate, fischiando in quel modo unico che è quasi il passaporto dei novesi all'estero, il celebre *cifulò*. Siccome nessuno fischia a quel modo, il cieco Cavanna sulla *pelouse* del velodromo riconosce all'istante il segnale, e non serve troppo tempo per capire chi sia il misterioso autore, certamente venuto da Novi Ligure. Ma non sarà un incontro epico, quello tra il bandito e il campione. Girardengo ha una paura matta dello scandalo, incontra Sante, ma lo congeda in fretta. Il bandito Pollastro verrà riconosciuto dai gendarmi alla stazione della metropolitana di Nation, catturato e condannato a otto anni di lavori forzati in Francia, più svariati ergastoli in Italia. Si farà trent'anni in galera, quattro in isolamento totale, poi il confino a Ventotene in tempo di guerra e per finire la reclusione a Parma, dove l'amico Costante va a trovarlo ogni tanto. Nel 1959 lo grazia il presidente della Repubblica, Giovanni Gronchi, e da allora decide di cambiare vita. Fa l'ambulante in bicicletta, chiaro oggetto del destino. Gira le piazze e vende cianfrusaglie di merceria. Resta amico, fino alla fine, del celebre campione.

A Girardengo non mette paura la prigione, ora che c'è dentro. Solo, lo fa star male quello sbatter di cancelli, e il rumore delle chiavi nelle serrature: sono davvero enormi, e i secondini le tengono appese alla cintura, grossi mazzi che tintinnano per ricordare ai reclusi qual è il rumore della libertà perduta. È il 13 marzo 1964, sono i giorni della Sanremo: questa la vincerà il povero Simpson, passato alla storia per essere morto stecchito sul Ventoux.

Il vecchio campione con gli occhi obliqui è venuto fin qui per chiedere al direttore una cosa semplice, eppure complicata: far montare ai detenuti le sue biciclette, farli diventare operai per lui. Pagando il giusto, s'intende (anche se, in questi casi, ai lavoratori coatti arriva ben poco, qualche migliaia di lire per sigarette, giornali e un po' di cibo in più). Al direttore quell'idea piace. Può farci una bella figura con il ministero, lui in affari con il grande Girardengo. E la cosa si realizza. Il ciclismo è un mestiere da carcerati, una fatica disumana, e montare le bici non è da meno: gesti sempre uguali, ripetuti all'ossessione. Pedalare è come stare in catena di montaggio. «Congiunzione massima dell'uomo e della macchina», dicevano i futuristi, però il futuro è materia instabile, senza garanzie. Anche per la prigione-azienda è così: quando Alessandria avrà il supercarcere, per la produzione delle bici inizierà il declino. I figli del campione lasceranno perdere, il marchio sarà acquistato da un'altra ditta, a Frugarolo, stabilimento da 20 mila metri quadrati e 100 mila biciclette l'anno. Il Campionissimo era orgoglioso che il suo nome durasse, cavalcato dai forzati della strada. Poi il declino, e la crisi per colpa della concorrenza mondiale. Non fece in tempo, Girardengo, scomparso il 9 febbraio 1978, a vedere il fallimento dell'amata fabbrica di biciclette. I suoi occhi da cinese, furbissimi e ridenti, si erano chiusi prima.

OTTAVIO BOTTECCHIA, 3 GIUGNO 1927

Il mattino è così caldo che il sole, come un povero cristo, si mangia la strada quasi fosse polenta. Ottavio Bottecchia sa cos'è quella fame. Sarà per questo che, mentre pedala, pensa ai suoi polli che razzolano nell'aia. Chi ha i polli non ha più fame, chi ha i polli è un signore. Però la fame è un'unghia piantata nell'anima, non smette mai di ferire, neanche se sei diventato un famoso campione ciclista. È il ricordo che la carne ha di se stessa, di quando penava per un boccone. Dopo la sua prima Milano-Sanremo, nel 1923 (e sono passati appena quattro anni) Ottavio aveva così fame da pensare alla fame degli altri, della famiglia, dei sette fratelli, del padre mugnaio e della madre contadina, e della moglie, certo. Così non consumò il rifornimento in corsa e andò in crisi per fame: la sua. Sul Turchino era passato per primo, poi l'avevano ripreso perché lo stomaco vuoto lo stava divorando, lo spolpava a forza di crampi, e sul traguardo aveva poi trionfato Girardengo il Campionissimo e lui solo ottavo, però da debuttante. Il sacchetto intatto del pasto (tortelli di riso, mezzo pollo, marmellata e zucchero) l'aveva portato a casa, tormentandolo tra le mani sul sedile di terza classe. «Cussì i pol magnar calcossa.»

Un mezzo pollo lontano, uno scherzo rispetto a tutti gli altri, interi e vivi, che oggi possiede Bottecchia Ottavio di Borgo Minelle, frazione di San Martino di Colle Umberto, provincia di Treviso. Anche se lui è ormai friulano da tanto tempo, ha casa a Pordenone e una bella macchina in cortile, una Om 2000 Limousine a sei posti, e uno è quello dell'autista. Altro che mezzo pollo! Eppure, puoi dimenticare la fame ma la fame non dimentica te, ce l'hai scritta nel sangue e lì rimane, come un virus silenzioso che presto o tardi si risveglia. Stamattina, infatti, la fame ha ordinato a Ottavio di mangiare quattro uova con il marsala, prima di uscire per l'allenamento. Lui chiede alla nipote Elena di prepararle come sempre, e di dire alla moglie che alle tre del pomeriggio avrebbe fatto un bel bagno caldo. Preparare anche quello, «per piassèr».

Sono le dieci e mezza del mattino, è il 3 giugno 1927 e Ottavio Bottecchia pedala di buona lena sulla strada che da Cornino porta a Peonis, frazione di Trasaghis. Siamo dalle parti di Gemona del Friuli, i luoghi che quasi cinquant'anni più tardi sarebbero stati sgretolati ma non cancellati dal terremoto, perché i friulani sono incancellabili. Ottavio respira con la cadenza della corsa solitaria, non gli piace allenarsi da solo ma stamattina il suo fido gregario, Alfonso Piccin, non poteva venire, aveva certe faccende da sbrigare; ancora ieri sera gliel'aveva domandato, ma niente. Respira, Ottavio, e i polmoni si riempiono d'aria calda, pare quella di una fornace, sembra di stare in miniera: poteva succedere anche a lui, però i suoi vecchi decisero che sarebbero stati miserabili, sì, ma a casa loro. E Ottavio, per esserlo un po' meno, era stato boscaiolo, carrettiere, muratore e manovale, anche fuori Italia, a Clermont-Ferrand. In miniera, mai. Poi era tornato. E la domenica, per scrollarsi di dosso la fatica, andava a cercarne altra, in bicicletta, così si sfogava bene e non pensava: pantaloni da lavoro legati dentro le scarpe, via la blusa e si partiva. Salite, discese, il sole feroce e le cascate di pioggia. Tutte le settimane fino alla prima gara da corridore ciclista quasi vecchio: a ventotto anni si può smettere con lo sport, e invece ecco questo apprendista della strada bianca, guarda che faccia tremenda, guarda le cartilagini del naso quasi scarnificate. Quando pedala pare sempre masticare. Ed è per masticare che pedala.

Adesso Ottavio pensa che l'aria è troppo bollente per non sostare in quella locanda e domandare una birra gelata. Lo fa, e l'ingolla d'un sorso. Certi uomini sono alberi d'inverno, nascono dalla terra. Ruvidi, grezzi, alti. Remoti. Sulla strada della miseria non esistono locande o polli interi, e di sella non si scende mai. Ma Ottavio è già risalito in sella, l'oste l'ha salutato come si fa con l'eroe delle terre, il fenomenale *Botescià* che la Francia intera ha adorato, il primo italiano a vincere il Tour: sono passati appena tre anni, però com'è invecchiato il campione, tutto è avvizzito in fretta. Il tempo è come il sole di questo giugno bollente, si mangia le persone come chicchi d'uva.

Ottavio riprende a pedalare, e capisce che non va. Gli torna in mente la frase che va ripetendo agli amici da un po' di mesi: «Una mano si è posata sulla mia schiena», lo spinge verso il basso e lo trattiene. Qualche male povero, forse la tisi, forse la malaria buscata al fronte nella Grande guerra: ne tornò con la sua bici da bersagliere e una medaglia al valore, di bronzo. «Con calma ed ardimento, sotto violento fuoco nemico, aggiustava tiri efficacissimi e falcianti con la propria mitragliatrice, arrecando gravi perdite all'avversario e fermandone l'avanzata. Costretto più volte ad arretrare, incurante del pericolo, portava seco l'arma e tornava a postarla aprendo sempre il fuoco violento sul nemico. Lestans, 4 novembre 1917.» Ma non erano calma e ardimento. Era che gli austriaci gli avevano fregato la bicicletta, e allora lui disse al suo tenente: «Stanotte vado a riprenderla da solo». E ci andò, tagliò il reticolato tra le linee, saltò nel buio della trincea nemica, stese a cazzotti due sentinelle, ripigliò la bici e con quella tornò dagli italiani. Della medaglia non se ne fece niente. Non riuscì mai a farla fruttare, per quello aveva solo le cosce, e i polmoni, e i muscoli della schiena che tengono le braccia attaccate al manubrio e sembrano tirarlo a sé ogni volta che si scatta, quando si morde l'aria in salita. La madre gli aveva pure cucito il nastro azzurro della medaglia sull'occhiello della giacca. Ma se qualcuno vi accenna, incuriosito, lui risponde secco: «Naja». Ormai è marito di Caterina Zambon, sua compaesana di San Martino che gli darà Giovanna, Fortunata Vittoria e Danilo Amerigo. Quando tornano dalla Francia, Ottavio fa il carrettiere a Caporetto, ma non gli va più di essere un sottoposto, ha deciso ormai per la bici anche se il padre non è d'accordo, e litigano. Che mestiere sarà mai quello del pedale? Porterà *schei* sicuri? Il vecchio Bottecchia ne dubita.

Mai, al fronte, Ottavio volle farsi visitare da un medico. E anche dopo, diffidare. Lui conosce il suo corpo, sa ascoltarne i segnali, e stamattina quel corpo non va. Sarà lo zabaione rimasto sullo stomaco. Sarà che nello stomaco è appena piovuto un boccale di birra ghiacciata, e ci vuol niente a beccarsi una congestione. Ma questa curva così ampia e dolce, al crocevia del Cornino, verso Peonis, sarà mica peggio dell'Aubisque o del Puy-de-Dôme, dove lui andava ad allenarsi quando stava in Francia a covare l'idea della bici? Non lo è, ma è come se lo fosse. C'è una prostrazione, dentro, fino all'ultima goccia di sangue che Ottavio ha imparato a riconoscere. La sua meravigliosa macchina sembra spegnersi di colpo. In primavera, giusto qualche manciata di settimane fa, gli è successo alla Bordeaux-Parigi. A metà di quell'infinita maratona, Ottavio si è fermato a bordo strada con la testa tra le mani. Il direttore sportivo gli gridava: «Cosa c'è, cosa succede Ottavio?» e lui niente, zitto e immobile. Poi ripartì come destato, senza ricordare nulla. Da quel giorno, gli amici e i parenti lo vedono taciturno e smagrito, lui che già pareva un'acciuga. Lo sentono strano. Se fosse capace di parlare, se potesse mai uscire dalla prigione del suo silenzio anche solo per un'ora d'aria, Ottavio risponderebbe che è solo per il dolore che succede tutto. È per il dolore che si era messo a pedalare da forsennato, quando gli morì la prima bambina di difterite, che era appena una bambola di sette mesi, tutta occhi come papà. È per il dolore che macina strada anche stamattina, pochi giorni dopo la morte dell'amato fratello Giovanni, investito in bici da un'auto pirata. Altro che malaria. Si chiama vita, il guasto.

La strada si srotola sulla sponda destra del Tagliamento e sfiora la cascina dei fratelli Lorenzo e Antonio Di Santolo, che a quest'ora stanno rassettando la rete da pesca nella stalla perché il mattino promette bene, e il fiume sa essere generoso. Lorenzo solleva il capo e vede, nella luce abbagliante della finestrella, un ciclista a terra che cerca di rialzarsi. Ci riesce, infatti, ma è solo un trascinarsi sulle gambe. Il ciclista lascia la bici e crolla sull'erba, svenuto. I fratelli corrono dalla stalla e vanno a vedere da vicino che succede. Il corridore respira male, è quasi un rantolo, e perde sangue dalla testa, dall'orecchio e da un occhio. Lorenzo lo riconosce, è Ottavio Bottecchia, lo ha visto di persona correre in Francia, a Belfort: non si dimentica il viso di un campione, neppure se lo riga il sangue. Un volto che in nessuna fotografia aveva mai sorriso, vittima forse di un presagio. A Fausto Coppi sarebbe accaduto lo stesso, anche lui avrebbe perso un fratello per un incidente in bicicletta, anche lui avrebbe visto avvicinarsi il destino assurdo.

Ma è mai possibile che uno dei più grandi corridori al mondo caschi da solo, così, come una pera da un ramo? Lorenzo Di Santolo è forte più di un orso, e si carica Bottecchia sulle spalle. Lo trascina all'osteria del paese, a Peonis, e lo adagia su una seggiola. Ora il ciclista farfuglia qualcosa, sembra risvegliarsi per qualche istante dallo strano sonno per poi precipitarvi ancora. C'è già una piccola folla attorno. Cos'è successo? Fate aria, chiamate un dottore, fate passare il prete! Nell'osteria entra don Dante Negris, il parroco, che impartisce subito l'estrema unzione all'agonizzante, la morte non manda un avviso con il messo comunale quando decide di venire. Però Ottavio Bottecchia non è ancora morto, prova solo a recuperare un po' d'aria anche se sembra quasi finita, e quella poca è bollente. Come quando ti piglia la cotta in salita, ad esempio quella volta al Tour de France del 1924. Mai un italiano lo aveva vinto (anche se il primo trionfatore, nel 1903, era valdostano, però naturalizzato francese), mai nessuno aveva indossato la maglia gialla il primo giorno per levarsela l'ultimo. Per riuscirci, il meraviglioso *Botescià* non deve cedere su questa strada alpina che in verità è un sentiero appena inciso nell'erba, e sale come un calvario. Sul ciglio del sentiero c'è l'uomo che inventerà il Giro d'Italia, un giornalista. Si chiama Armando Cougnet, è tifosissimo di Bottecchia e lo vede dondolare in sella, tra un po' si ferma se va avanti così. Allora Cougnet si ricorda che Ottavio è un decorato della Grande guerra, comincia a corrergli accanto, cantando una marcia degli Alpini. Sia come sia, l'effetto di quell'amata cantilena è fenomenale, e Bottecchia riesce a riprendere il passo. Se ora fosse lo stesso, se anche qui all'osteria qualcuno intonasse quella musica, forse il ferito guarirebbe.

C'è uno che si chiama Placido e possiede un calesse. Si offre di portare Bottecchia fino all'ospedale di Gemona, ma non certo gratis, tutti sanno che il campione è ricco, dicono abbia imbottito il materasso di banconote, dicono sia anche uno spilorcio e allora è meglio mettere subito in chiaro che nessuno sul calesse viaggia a sbafo. Sale anche la levatrice, sarà lei a raccontare che in un attimo di lucidità Bottecchia ha ripetuto: «Malore, malore», anche se i medici escluderanno che sia mai uscito dal coma. «Frattura della base cranica, frattura della clavicola destra, escoriazioni», c'è scritto nella cartella clinica. Ottavio Bottecchia morirà dodici giorni più tardi, e mentre agonizza tutti cominciano a ricamare su quell'incidente impossibile. Potevi cascare da solo a quel modo, Ottavio? Non ti avranno bastonato i fascisti perché, quando stavi in Francia, frequentavi qualche socialista e qualche anarchico? Non sarà stata, piuttosto, una vendetta dei rossi, perché Mussolini usò i tuoi trionfi e aderì per primo alla sottoscrizione nel tuo nome, per darti almeno una casa nuova e qualche pollo in più? Se tu avessi modo di ascoltare ogni altra ipotesi, da qui al futuro, sapresti di quel tale Berto Olinas, emigrato in America, che prima di tirare le cuoia giurerà che la mafia uccise te e tuo fratello Giovanni, perché vi eravate rifiutati di truccare certe corse in bicicletta. Oppure quel contadino, lui pure morente, che confessò di averti spaccato la testa con un sasso perché gli stavi rubando l'uva. Ma quale uva matura a giugno? Forse erano ciliegie, butterà lì qualcun altro. Infine, perdonali, parleranno anche di corna. Sono gli anni di Matteotti, di baby Lindbergh, un giallo non si nega a nessuno. E nessuno accetta che tu sia semplicemente caduto dalla bici perché eri stanco, perché eri malato, perché forse ti si era bloccata la digestione ed eri svenuto. Ormai mangiavi poco, dormivi male. Pensavi a tuo fratello. Forse quel giorno sei morto e basta, sei morto perché è così che va, e tutto il resto è polvere di strada.

LEARCO GUERRA, 10 MAGGIO 1931

Tra una mazzuola e un manubrio, pensa Learco, non c'è mica tanta differenza, a stringerli ti si spellano le mani. Il manubrio, però, pesa meno. E quando tiri su un muro a piombo, nessuno ti applaude, al massimo il capomastro ti fa capire con una mezza occhiata che non hai poi fatto male.

È un muratore mantovano di ventisette anni, Learco Guerra, nome epico e cognome ancora di più, quando un omino che in bici è stato tutto – si chiama Costante Girardengo – lo convince a mollare il cantiere e diventare un corridore vero. Learco si sente dentro una forza pazzesca, però sa di non essere più un ragazzino: gli altri ciclisti, alla sua età, hanno già vinto e corso tanto. Ma nessuno, pensa Girardengo, ha quel colpo di pedale estremo, quella ferocia nello sforzo, neppure l'elegantissimo e impareggiabile Binda, che quando spinge sembra fare il solletico ai pedali ma esplode come l'uragano.

Learco è tutto diverso, lui viene dal popolo, è sanguigno e solare, ha una faccia che non sa mantenere segreti, un po' rotonda e con gli occhi che ridono. I capelli sono nerissimi e la carnagione scura, come se Learco non arrivasse da Mantova (anzi da Bagnolo San Vito, dov'è nato il

14 ottobre del 1902), ma dall'Abissinia o da qualche remoto angolo d'Africa.

È sempre contento, gli piace giocare a pallone anche più che pedalare, perché il calcio è divertente e non si pena. Ma quando si china sul telaio della bici, quando piega la schiena come una bestia e comincia a tagliare il vento, nessuno ha il suo stile. Girardengo se n'è accorto vedendolo filare in pianura, nelle corse dei dilettanti, e ha intuito in quelle gambe e in quelle spalle la classe del formidabile passista. Learco è uno di quei ciclisti che cominciano a mulinare le cosce e trovano una velocità regolare, un passo cadenzato e senza strappi, e lo mantengono per ore. Un regolarista senza incertezze nel motore, perché pedalare è come lavorare: si comincia di buona lena e si continua finché viene sera, finché il turno non è finito e domani di nuovo. Solo chi non si lascia spaventare dalla fatica delle mani – i muratori, i carpentieri, i minatori – può diventare un vero ciclista.

Non appena lo vede in mezzo al gruppo, la gente comincia ad amare Learco. Di lui piace tutto: il suo essere schietto e luminoso, quell'andare sempre all'attacco, senza risparmio. La sua forza è qualcosa che si vede, qualcosa che gonfia il corpo e lo fa apparire sovrumano. Un superuomo, appunto. Sarà per questo che persino il Duce, che peraltro non ama il ciclismo (lo giudica troppo popolare, nulla a che vedere con i motori), si invaghisce di Guerra e pensa di trasformarlo in un eroe del regime fascista. Non si può certo dire che Learco abbia consapevolezza politica, lui è un muratore che pensa solo a spingere avanti la bici e vincere le corse. Quando gli chiederanno di donare i suoi trofei alla patria, un po' gli dispiacerà ma nessun dramma, in fondo si tratta solo di oggetti, di medaglie e coppe, lucida ferraglia. Le cose importanti, come la contentezza quando si arriva primi, quelle non te le porta via nessuno.

Eppure Learco Guerra non è un colosso ma una palla di muscoli, un grumo di forza allo stato puro. È alto solo un metro e settantaquattro e pesa non più di settanta chili, perché il corridore dev'essere asciutto come un tronco d'albero, e tutto il grasso poi lo deve trasportare in salita come un sacco. Quando si presenta alla partenza del diciannovesimo Giro d'Italia, il 10 maggio 1931, è già un campione famoso, ha vinto due volte la maglia tricolore che infatti ha addosso. Un uomo bandiera, e oggi è un giorno speciale perché il Giro che parte da Milano arriva a Mantova, la sua Mantova, e Learco ci tiene più che mai. Il giorno è speciale anche perché gli organizzatori ne hanno inventata una nuova: il primo in classifica indosserà, come segno del comando, una maglia rosa. Rosa perché questo è il colore della «Gazzetta dello Sport», il giornale della corsa. Non è un'idea originale, è stata copiata dal Tour de France che veste di giallo il vincitore, perché gialle sono le pagine dell'«Auto», il foglio che organizza il Tour.

Si è discusso non poco, attorno a quel rosa. Non è mica un colore da atleti! Va bene per una ballerina, per una bimba di buona famiglia con l'abituccio della domenica, non certo per i pedalatori muscolosi e sudati. Non è per nulla virile, la tinta dei confetti. «Una trovata poco fortunata», la definisce Benito Mussolini. Con un giudizio del genere, è difficile che nel 1931 qualcosa possa funzionare. Però alla «Gazzetta» hanno la testa dura, sono convinti che quella bizzarra sfumatura di colore avrà successo. Per non urtare troppe suscettibilità, compresa quella del Duce, la notizia viene data in un trafiletto, anche se in modo non proprio sobrio. Scrive il giornale rosa: «Il vessillo guiderà il gagliardo plotone dei corridori e designerà l'alfiere più forte e più degno».

Il corpo di Learco Guerra che macina strada evoca immagini potenti ai cantori del ciclismo, e subito nasce l'immancabile soprannome: la Locomotiva umana. Padrino del battesimo è il giornalista Valdo Cottarelli, anche se alcuni annali scrivono che fu Emilio Colombo, l'allora direttore della «Gazzetta dello Sport», a immaginare vapori e rotaie. Nulla più del treno suscita l'idea della forza inarrestabile, quell'avanzare senza ostacoli lungo una strada segnata. Così è Guerra in sella: un locomotore. E al Duce piace l'accostamento, lui che ama i piloti d'automobile e di aeroplano. Un motore ci vuole, una macchina dentro un boato di scintille, attriti, corpi spinti al massimo. E poi la battaglia si nutre di rivalità, nulla è più appassionante del gioco delle coppie senza dover scomodare Ettore e Achille. E mentre Coppi e Bartali sono molto di là da venire (manca quasi un decennio: il primo Giro di Fausto è del 1940), mettere la novità Guerra accanto al classico Binda è una formula infallibile. Così il tifo italiano potrà spaccarsi come accade negli stadi del calcio, dove o sei del Toro o sei della Juve, o sei del Milan o sei dell'Inter. E sulle strade del ciclismo, lo sport più popolare del Paese, assai più del pallone, o sei per Binda o sei per Guerra. O sei per l'elegante, aristocratico, quasi imbattibile e remoto fuoriclasse di Cittiglio o sei per il focoso, gagliardo, moro pedalatore mantovano che neppure sospettava di essere un campione, e che fino a pochi mesi fa era imbrattato di polvere e calcina.

E chi c'è, vicino a Guerra, alla partenza milanese del Giro numero diciannove? C'è proprio Alfredo Binda, il Trombettiere. Ma fra un trombettiere e una locomotiva, secondo voi chi vincerà? È lunga la strada da Milano a Milano, dodici tappe per 3012 chilometri, Napoli il punto più a sud. E mai meno di 200 chilometri. La più corta è proprio la prima, 206 chilometri da Milano a Mantova. Da Milano a casa, pensa Learco, l'uomo bandiera.

È un campione completo, Guerra. Insuperabile sul passo, rapido in volata, sa comunque difendersi anche in salita e non è raro che attacchi proprio lì, sul terreno degli altri. È diverso da Binda, più tattico e calcolatore, meno clamoroso nel gesto e nell'assalto. La prima tappa del Giro 1931 sembra un vestito tagliato apposta sulle forme dei due assi del pedale, il percorso scivola nella pianura e viaggia verso le acque che circondano la città di Virgilio, il poeta del viaggio estremo. Anche se poi, questo ciclismo, è più un purgatorio dove non si smette mai di scontare la pena, mai si dimentica e mai ci si riposa veramente.

Il gruppo è uno sciame di zanzare che solcano la palude, i disperati arrancano, i campioni cercano le posizioni migliori per lo sprint. Learco e Alfredo, Alfredo e Learco. All'inizio, l'ultimo arrivato Guerra aveva soggezione di quell'asso così famoso, ammirato da tutti; poi, i suoi muscoli gli hanno sussurrato all'orecchio che non c'era nulla da temere, e lo stesso gli ripeteva Girardengo: per vincere ci vuole la testa, ma di più le cosce, e tutto il resto è favola per bambini.

Learco sa di non poter sbagliare la volata in casa sua. Nessuno è profeta in patria: chi l'avrà mai detta, una scemenza simile? Basta pedalare più di tutti, e si vedrà chi è il profeta. Anche se poi non c'è tempo di pensare a niente, ora che manca appena un chilometro al traguardo e alla consegna di quella prima, strana maglia color della rosa. Binda e Guerra sono già davanti, allargano i gomiti, serrano le mascelle, pretendono spazio, allontanano gli avversari a codate. È scaltro, Learco, nonostante abbia meno esperienza del rivale. E oggi lo spinge una forza persino superiore a quella di sempre, che pure non scherza. È il richiamo della foresta. Per niente al mondo Guerra potrebbe perdere questo sprint, e difatti non lo perde. Prima tappa del primo Giro con la prima maglia rosa, che Learco si infila sul petto tornito come un comò. Fa uno strano effetto, quella tinta confetto, sulla pelle scura del campione. Ancora non lo sa, ma sarà lui a diventare uno dei ciclisti capaci di vincere più tappe nella storia, addirittura 31 dal 1930 al 1937, meglio di lui solo Cipollini (42) e il solito, tremendo Binda (41).

Un giorno non lontano, Learco saprà persino vincerlo, il Giro d'Italia, nel 1934, proprio nel pomeriggio in cui gli azzurri conquistano la loro prima Coppa Rimet, il 10 giugno: Guerra si prende dieci tappe su diciassette e batte lo scalatore Camusso, che in piemontese (lui è di quelle parti) vuol dire camoscio. Invece il Giro del 1931, nonostante quel fiore sbocciato all'improvviso come una ninfea sulle acque mantovane, non sarà fortunato. Guerra vince di nuovo il secondo giorno, ancora in volata, a Ravenna, però va in crisi sui colli marchigiani mentre, al contrario, Binda si scatena. Però il Trombettiere cade a Roma, sulla pista di Villa Glori, e deve ritirarsi perché nel volo altri corridori gli sono passati sopra. È una corsa maledetta. Lo stesso destino tocca a Learco sulla salita della Spolverina, tra Carrara e Fosdinovo, quando un tifoso esagitato addirittura lo abbraccia e lo fa cascare; un altro corridore gli finisce addosso, e una leva del freno gli si conficca nella schiena. La ferita è profonda, Guerra viene portato all'ospedale di La Spezia e deve ritirarsi. Quel Giro lo vincerà proprio il camoscio Camusso.

Tre mesi più tardi, Learco Guerra indosserà la maglia iridata a Copenhagen, nella prima e unica edizione del mondiale disputata a cronometro anziché in linea: 172 eterni chilometri che Binda interpreta con veemenza, perché nessuno al mondo può reggere il suo passo. Anche nelle classiche (non solo al campionato italiano, vinto per cinque volte di seguito dal 1930 al 1934), lo spavaldo Guerra può essere irresistibile. Come alla Sanremo del 1933 e al Lombardia del 1934 (però Mussolini apprezzò soprattutto le due vittorie consecutive nella Predappio-Roma...) oppure al mondiale di Lipsia del 1934, dove arriva secondo per colpa di una codata del ventenne belga Kaers, iridato a sorpresa (Guerra era stato secondo anche nel 1930, a Liegi). Minor fortuna ebbe al Tour de France, dove andò solo due volte (1930 e 1933) e vinse comunque otto tappe (facendo anche a pugni con l'idolo Charles Pélissier, che lo aveva danneggiato in uno sprint) però piazzandosi sempre secondo a Parigi dietro Leducq e Speicher: nomi che non sarebbero passati alla storia.

Anche se poi la storia è uno strano, capriccioso animale che accarezza e ferisce un po' a caso. Learco Guerra non provò mai a domarlo, e neppure a fargli il contropelo. Si lasciò semmai trasportare lungo la strada, pensando solo a spingere, e nel caso a sorridere.

ALFREDO BINDA, 31 OTTOBRE 1926

Chi è stato il più grande corridore di tutti i tempi? Il triste, meraviglioso, modernissimo Coppi? Oppure il famelico Merckx? È come decidere che si può misurare l'immensità. Meglio Pelè o Maradona? Meglio Leonardo o Michelangelo? Meglio l'Everest o le Maldive? Ma lo sport vive di queste sfide impossibili che attraversano il tempo come rondini il cielo.

Eppure, quelli che lo videro correre non hanno dubbi: il più grande è Alfredo Binda. Come chi vide giocare Di Stefano e assicura che nessuno, neanche 'O Rey e Diego, si è mai arrampicato fin lassù. Il tempo è una strana bestia, ha le unghie lunghe, lui sa tutto mentre gli occhi dei testimoni hanno la vista breve. E il tempo, nel ciclismo, azzera tutto con velocità da sprinter.

Strade, materiali, medicina, alimentazione, tecnologie, chimica, sistemi d'allenamento, oltre alla naturale evoluzione fisiologica del corpo umano rendono improbabile qualunque confronto che tagli le epoche come una forbice. Tuttavia, esistono casi che diventano pietre miliari, portoni spalancati su un'epoca nuova. Fu questo, Alfredo Binda: non più pioniere ciclista, non ancora corridore moderno, non più dilettante allo sbaraglio, non ancora iper-professionista, non più martire seduto su un catorcio di quindici chili, non ancora padrone di una bicicletta in grado di rendere lo sforzo meno aspro. Il grande Alfredo da Cittiglio, il paese del Varesotto dove nacque nel 1902 e morì nel 1986, è apparso sul confine di due epoche, alle soglie di una modernità appena annunciata ma già impaziente di esistere. È sempre strano, il destino di coloro che vivono le età di mezzo. Devono esplorare territori mai percorsi da altri, nella vertigine della prima volta, con i rischi di chi ancora non sa. Alfredo Binda fu proprio questo, un esploratore del ciclismo, e tra gli anni Venti e Trenta scolpì iscrizioni nella pietra come mai nessuno prima, e come pochissimi dopo di lui.

Cinque Giri d'Italia come Merckx e Coppi. Tre campionati del mondo su strada come Van Steenbergen, Freire e ancora Merckx. Nessun Tour, ma solo per colpa di una strana storia e di un errore. Partecipò infatti nel 1930, vinse il tappone pirenaico, poteva conquistare facilmente la Francia ma si ritirò perché qualcuno non aveva mantenuto una promessa: pagargli 22 mila e 500 lire per non avere partecipato al Giro d'Italia in quello stesso anno, unico caso nella storia di campione ufficialmente pagato per non correre. Troppo forte, pronostico azzerato, nessun interesse per la corsa rosa, perciò gli organizzatori del Giro gli promisero gli stessi soldi che avrebbe incassato vincendo, e Binda si chiamò fuori. Siccome, però, quel denaro tardava ad arrivare e lui era uomo di carattere, si stancò di aspettare e in Francia rimise la bicicletta sul treno.

Poi i soldi saltarono fuori, ma Alfredo Binda capì di avere commesso il più grande sbaglio della sua vita. Glielo rinfacciò persino Coppi, durante la tremenda crisi di Saint-Malo, al Tour del 1949, quando Fausto aveva deciso di ritirarsi e Binda, commissario tecnico azzurro, dall'ammiraglia lo esortava invece a insistere. Coppi ricordò ad Alfredo di quando, nel 1930, proprio lui che adesso parlava tanto era sceso dalla bici. «È vero», rispose Binda, «ed è un errore di cui non ho mai smesso di pentirmi!» Sia come sia, il Campionissimo restò in corsa e alla fine vinse un Tour che pareva perduto.

I testimoni di quel tempo remoto, come Eberardo Pavesi e l'avvocato Ambrosini, erano sicuri che nessuno potesse competere con Alfredo Binda nello spessore della storia del ciclismo. Questione di stile e potenza, eleganza e cervello, muscoli e istinto, insomma di classe. E la classe si nutre di leggenda. Perciò Binda fece il suo ingresso nell'immortalità dei racconti molte volte, ma soprattutto il 31 ottobre 1926, quando vinse un memorabile Giro di Lombardia. Cioè la corsa che lo aveva indotto a tornare in Italia, lui che da ragazzo faceva lo stuccatore e il decoratore in Costa Azzurra, a Nizza, accanto al fratello maggiore Primo. Gran corridore sin dall'inizio, Alfredo, tanto da abbandonare presto cazzuola e spatole per governare la bici fiammante che gli aveva regalato l'amico Morini (lui le biciclette le vendeva), dopo averlo visto vincitore nella prima corsa della sua vita: lo squalificarono per un cavillo, ma l'occhio dell'esperto aveva intuito che nelle vene del ragazzo pallido scorreva il sangue di un fenomeno. Vinse in Francia, Binda, finché nel 1924 non scoprì che esisteva appunto il famoso Giro di Lombardia, e c'era un premio di 500 lire per la scalata del Ghisallo. Quanto bastava per andare da Nizza a Milano in bici, iscriversi alla gara, correrla da protagonista e arrivare persino quarto. Impresa che gli regalò il primo contratto con la Legnano, la leggendaria squadra con la maglia verde oliva che Alfredo non avrebbe mai più lasciato.

E poi, Lombardia vuol dire casa. Vuol dire Cittiglio, il paese dove Alfredo era nato, decimo dei quattordici figli del signor Maffeo, imprenditore edile e proprietario di una delle tre biciclette presenti in paese. Alfredo la cavalcava la sera, per andare a lezione di musica e imparare l'arte della cornetta, poi esercitata nella banda locale. E siccome gli sportivi sono avidi di soprannomi, Binda non faticò molto a diventare il Trombettiere di Cittiglio. Anche se lui il fiato lo soffiava soprattutto in sella, per «suonare» gli avversari.

Giro di Lombardia vuol dire un mattino di tempesta autunnale, pioggia e vento, e nuvole color della china: la scenografia, e in qualche modo la sceneggiatura dei giorni irripetibili. L'epica della bicicletta pretende molta umidità. E quel 31 ottobre 1926 lo conferma: il lago di Como invade la piazza, ci sono quaranta centimetri d'acqua, frane e smottamenti sulle montagne più un gruppo di ciclisti che aspetta la partenza. Tra loro, come se niente fosse, Alfredo Binda. Esistono fuoriclasse capaci di restare puliti e asciutti anche nella tormenta, perché si tratta di pulizia ed essenzialità dei gesti. Nulla intorno li sconvolge, perché nulla li riguarda: è la lontananza dei fenomeni, che in bici vira quasi sempre in solitudine e talvolta in tragedia. Questo vortice di gloria e dolore giova all'eroe, fin dai tempi del mito classico. Non molto di più, ma neanche di meno, sono le corse ciclistiche in quell'epoca di mezzo, e qualcosa di simile, in fondo, sono rimaste.

Prima di partire, Binda mangia sei uova fresche, una in fila all'altra. Nel tempo a venire, scherzando con l'infinita credulità del mondo, quel numero si gonfierà fino a ventotto, e addirittura a trentatré. Il vecchio campione si divertiva, perché nessuno metteva in dubbio la storiella. Anche se il resto della sua giornata fu tutto vero.

Vero l'attacco di Bottecchia (morirà tragicamente meno di un anno dopo) sulle rampe del Ghisallo, vera e spaventosa la reazione di Binda nella tempesta in salita, tempestoso a sua volta anche senza darlo a vedere: proprio per raccontare la sua naturalezza sotto sforzo, i cronisti del tempo inventarono la definizione «pedalata rotonda». E in quella irresistibile rotondità, agile e possente insieme, Alfredo Binda va a riprendere *Botescià* per esserne nuovamente staccato. La risposta viene affidata da Binda a un gregario, poi si muove lui in persona e torna sulla ruota del rivale per lasciarlo, una volta per tutte.

Non c'era verso di fermare Binda nei giorni giusti. Trionfa nel primo Giro d'Italia disputato, nel 1925, e l'anno dopo non ci riesce solo per colpa di una caduta che gli leva mezz'ora (ma arriverà comunque secondo); ne conquista tre di seguito dal 1927 al 1929, ed è questa tripletta senza storia che convince gli organizzatori che è meglio pagare il fenomeno e lasciarlo a casa. Altrimenti, il Giro d'Italia chi lo seguirà più?

Alfredo era un fuoriclasse moderno, aveva capito che l'atleta non deve mai fermarsi, neppure d'inverno, altrimenti il motore s'imballa. Ed è per questo, oltre che per i soldi e per il gusto dell'avventura, che Binda se ne andava in America a correre le Sei giorni. Mentre i rivali se ne stavano al calduccio, lui emigrava a Chicago e New York dove era una stella, e il Madison Square Garden impazziva per lui. Poi tornava in Italia, e di slancio vinceva la Sanremo (1929 e 1931), il Giro (1925, 1927, 1928, 1929 e 1933), naturalmente il Lombardia (1925, 1926, 1927 e 1931), volando dentro stagioni senza tregua né cedimenti, da marzo a ottobre.

Ma la cosa che più amava, insieme al rosa di quella maglia diversa da tutte, era il campionato del mondo. Nacquero insieme, l'iride e Binda, che portò a casa la prima divisa color arcobaleno nel 1927, al Nürburgring; secondo arrivò un altro mito, Girardengo, a più di sette minuti. La replica nel 1930 a Liegi, davanti a Guerra, e il tris a Roma, tra rovine e tripudio, quando Binda stacca di dieci minuti il secondo – l'azzurro Remo Bertoni – e supera il traguardo addirittura a piedi, tanta è la folla e incolmabile il vantaggio. Un'auto nera ha seguito Alfredo per lunghi tratti della corsa, e su quell'auto il Duce.

Nessun corridore italiano ha mai saputo vincere il mondiale per tre volte. Fausto Coppi penò non poco, per riuscirci almeno una, e Bartali quella gioia non l'ebbe mai. Il modello giovanile di Binda era stato Costante Girardengo, raggiunto e superato quasi senza faticare. Era talmente bello, Alfredo, in bicicletta, che i francesi lo chiamavano la Gioconda. La sua storia si nutre di fiabesco, come quando guidò il fratello Albino, lui pure ciclista ma infinitamente meno grande, al successo nell'ottava tappa del Giro d'Italia 1928: Alfredo gli disse di scattare quando lui si fosse fermato per girare la ruota e modificare il «rapporto» (così si faceva prima dell'invenzione del cambio), visto che tutti lo avrebbero controllato senza curarsi di altrui avventure. Albino eseguì e vinse, Alfredo si piazzò secondo.

I puristi della bici ammattivano per lui. La sua grandezza si trasferì sull'ammiraglia, quando diventò commissario tecnico azzurro: la Francia respinta da corridore lo premiò come stratega, e Binda si portò a casa i Tour di Bartali (1948), Coppi (1949 e 1952) e Nencini (1960), oltre ai mondiali di Coppi (1953) e Baldini (1958). Ventidue anni trascorsi a dirigere gli altri, ma con la classe di sempre, con l'identica vocazione al primato che in quel remoto 31 ottobre 1926 gli aveva permesso di resistere da solo fino al traguardo di Milano, azzerando Bottecchia, divorando 158 chilometri di fuga e umiliando il secondo classificato Antonio Negrini, arrivato ventotto minuti dopo di lui.

Non ingollò ventotto uova, quel giorno, il memorabile Alfredo, ma solo qualche polpetta di riso che non mancava mai nelle tasche della sua maglia, perché Binda era anche un maniaco dell'alimentazione e della vita da atleta, un modello insomma di disciplina. Si mise a fumare il sigaro solo a carriera finita (la chiuse alla Sanremo del 1935, rompendosi il femore in una caduta dalle parti di Novi Ligure, la terra di Girardengo e Coppi: anche il destino, a volte, segue precise geografie), e si concesse una moglie di vent'anni più giovane che gli diede due figlie. Un patriarca ironico e ieratico, con il suo motto mai tradito («Per vincere ci vogliono testa e *garùn*», cervello e garretti), capace di conservare la maglia rosa per sessanta tappe e di scartare dalla linea ideale di pedalata solo per evitare sassi o sterpi.

Uno stilista impeccabile e non solo in bici. Lo è anche in quel 31 ottobre, quando gli altri sono luridi di fango e fatica, ma lui no: eccolo ricevere i fiori del vincitore al velodromo Sempione di Milano, eccolo andare in albergo e farsi la doccia, eccolo raggiungere la stazione e prendere il treno, eccolo scendere a Varese, eccolo guardare un cavalcavia all'orizzonte, dove gli ultimi corridori ancora arrancano nel diluvio. Stanno andando a Milano. Stanno finendo il suo Giro di Lombardia.

GINO BARTALI, 23 MAGGIO 1987

Dietro il finestrino della vecchia Golf, le mani della gente sembrano farfalle ubriache. Tutti salutano Bartali. Lui s'è aggrappato al volante come a un manubrio in salita, guida un po' ingobbito, pare quasi tirarlo a sé. Indossa una maglietta a maniche corte, bianca con i bordini verdi e una scritta: «Cicli Bartali». Ha il berrettino da ciclista che non si toglie mai, bianco e verde pure quello. Bianca è l'automobile che in salita scatarra come se fosse Bartali, con la scritta verde sulle fiancate. Dentro l'abitacolo, solo, concentrato sulla linea delle curve c'è un antico campione, una leggenda, un personaggio epico, una réclame. Dentro quell'auto c'è Gino Bartali.

Si farà trecento chilometri al giorno, nel cuore di quella che chiamano la carovana pubblicitaria. Arriverà al «quartiertappa» nel sole della pianura o nel vento delle montagne, cercherà il parcheggio, smoccolerà perché lo spostano ogni giorno un po' più avanti e un po' più in alto, scenderà dall'automobile, stringerà mani, firmerà pezzi di carta, sentirà le voci di quelli che lo invitano a bere un bicchiere – e talvolta lui davvero si ferma a bordo strada, nelle tappe alpine: si mette a sedere con i tifosi dei camper e delle tende, accampati nell'attesa, poi mangia insieme a loro una salsiccia e beve un po' di rosso – andrà al traguardo, brontolerà qualcosa a quelli che lo intervistano e gli chiedono un commento su questo ciclismo sempre più deludente, poserà per cento fotografie abbracciato a sconosciuti, risponderà con una smorfia a quelli che gli ricordano un giorno del 1940 sull'Abetone, accarezzerà bambini, guarderà le bandiere sventolare, si siederà un poco a riposare anche se stanco non è, infine sarà ora di dormire, ritardando quell'ora con qualche amico per l'ultimo bicchiere e l'ultima sigaretta. E in nessuno di questi attimi riuscirà a non essere solo.

In fondo, oggi è stata una buona giornata. Si va da Imperia a Borgo Val di Taro, terzo giorno del Giro, saranno 242 chilometri tra Liguria e Appennino fino al paese famoso per i funghi secchi. Tre ore almeno di viaggio, inscatolati nella Golf che non ha neppure l'aria condizionata. Ma Bartali non sente il caldo, non sente il freddo, non sente la fatica, non sente la fame. In tanti anni, dice Alfredo Martini, non ha mai visto Gino lamentarsi di qualcosa. «Lui ha vissuto la vita di tre uomini forti messi insieme.» Rende l'idea, il vecchio commissario tecnico azzurro. Con Bartali non è mai stato compagno di squadra. «E neanche con Fausto. Però con Gino mi allenavo spesso, sulle nostre strade toscane. Prima della guerra era come un frate; dopo, gli piaceva fare tardi.»

I nonni spiegano ai ragazzini chi mai sia il vecchietto dentro l'automobile bianca e verde. Qualcuno, certo, conosce la famosa canzone. Ma pochi sanno che «quel naso triste come una salita» è il regalo di una caduta a Grosseto, il 24 maggio 1934, quando Gino si rompe la faccia e diventa, nel profilo, identico a un pugile. Per questo, il suo fratello Giulio lo chiama Nasello. Povero Giulio, morto in bici correndo, come Serse, che era il fratello di Fausto. Quanti volti si perdono nella scia di un'automobile, quanta polvere dietro la schiena. Quanta solitudine. Gino voleva smettere, anche Coppi dopo la disgrazia di Serse aveva pensato di lasciare per sempre la bici. Non c'è forza senza gioia. Ma la disperazione poco a poco mette la crosta come una ferita, si solidifica, trova posto in fondo allo stomaco come una biglia di metallo rovente. E lì resta per sempre. Eppure, quel fuoco si spande e ridà il coraggio di pedalare, di ricordare.

La gente punta il dito contro il vetro e dice: «Guarda, c'è Bartali!» Lui sa di essere lo spettacolo di se stesso. Sa di portare in quell'auto il suo nome e la sua gloria, come se sul sedile ci fosse il Gino Bartali del 1948, eccolo che ha appena rivinto il Tour de France; oppure il Bartali della Sanremo 1950, primo Ginettaccio davanti a Van Steenbergen, il principe dello sprint: come avrà mai fatto a batterlo? Gino Bartali pubblicizza un marchio, una bici, una storia. È diventato un uomo-sandwich e sta al gioco. Prende soldi, per questo. Ma più che altro si sente ancora vivo, può restare in mezzo alle biciclette senza decidere niente, senza comandare da un'ammiraglia, senza troppa fatica se non quella di guidare per trecento chilometri, in fondo un divertimento per una pellaccia come la sua. La gente lo guarda e pensa: «To', il Gino è sempre lo stesso». Forse è immortale, di certo è indistruttibile. Lo chiamavano l'Uomo di ferro, e quello è rimasto il suo materiale. Anche la voce, certo, è sempre la stessa di quando correva, oppure di quando cantava insieme a Fausto al *Musichiere*, la stessa delle mille interviste contro il mondo, non cattive, solo scoraggiate, invelenite per questo ciclismo da rifare. Come il naso da boxeur, anche la voce roca non è nata insieme a Bartali. È così da un lontano inverno di ragazzi, quando per scherzo i compagni seppellirono Gino nella neve fino al collo, e lui ci rimase per ore. Non gli tornò la voce per sei mesi, ormai tutti credevano che Gino sarebbe rimasto muto, invece ricominciò a parlare ma in quel modo affumicato e rasposo non solo per colpa delle sigarette. Per questo, gli amici lo chiamavano Careggi, che sarebbe l'ospedale di Firenze. Lui lasciava dire, però con la voglia di morderli tutti.

Erano gli anni in cui Gino sfidava chiunque a batterlo in salita, e lui pedalava senza tenere le mani sul manubrio: anche così, nessuno gli metteva davanti la ruota. E le ruote le montava di persona, un raggio dopo l'altro, da Oscar Casamonti il biciclettaro: tre pomeriggi la settimana, dopo i compiti, ma la scuola l'avrebbe abbandonata presto. Un cruccio, per Gino, che si comprò la prima bici (usata) perché le sorelle Anita e Natalina, ricamatrici a ore, avevano tolto un gruzzoletto dalla dote e il resto l'aveva messo il babbo Torello. In quei giorni a Ponte a Ema, il paese suo, c'erano solo ciliegi e non il cemento e le motorette come oggi, pensa Gino mentre guida nella pianura.

Gino pensa tante cose, dentro la solitudine bianca e verde della sua Golf. È diventato quasi vecchio: a luglio saranno settantatré, anche se lui non è stanco, non nei muscoli almeno. Il mattino scintilla, in questo tiepido 23 maggio 1987 che pare inventato solo per essere felici. Il mondo è un brillio di ruote, scritte smaltate e ragazze che fanno pubblicità, è questo rumore di ciclisti che scappano nel vento ed è il blu profondissimo del mare. Gino lo osserva, pensando che quando andava in bicicletta nell'altro senso, cioè verso Sanremo da dove stamattina è partito, mica aveva tempo per il paesaggio. Non vedeva le agavi, le mimose, gli ulivi, le ville liberty, i fiori sfavillanti, neppure la neve che a volte scendeva sugli alberi a San Giuseppe per ghiacciare le gemme e spingere indietro la primavera. Al Nord, ogni raggio di sole è una conquista, un piccolo furto alla maestà dell'inverno. Quattro volte Gino ha vinto a Sanremo, la prima nel 1939, l'ultima nel 1950, quando aveva già trentasei anni e riuscì a beffare il più grande velocista del mondo. Il mondo: l'unica maglia che gli manca è quella dell'arcobaleno, per un motivo o per l'altro il mondiale gli è sempre andato di traverso. Magari poteva prenderselo dopo il Tour nel 1948 se con Fausto non si fossero fatti quella guerra a ogni metro, marcandosi come odiosi nemici: non far vincere l'altro era meglio che vincere. Sei mesi di squalifica costò quel gioco.

Settantatré anni non sono poi tanti, pensa Gino mentre guarda la gente che lo sta guardando. Vorrebbero essere tutti amici suoi. Lo trattano come il compagno di una vita e per molti è così, perché un campione sportivo è anche un diario, è la cadenza del proprio tempo. Cosa facevi, quel giorno in cui Bartali vinse il primo Tour? Dov'eri, quando Coppi lo staccò nella Cuneo-Pinerolo? E cosa stai facendo adesso, in questo mattino da primo giorno della creazione, mentre l'uomo chiamato Gino Bartali sta sfrecciando con la sua auto sgangherata? Eccolo, è un attimo e già non c'è più.

Invece sono tanti, questi anni in fila come ciclisti. Lui che cominciò con Binda, Guerra, Girardengo, poi sfidò Coppi e Magni, quindi duellò con Bobet di cui Bartali era l'idolo, infine fece in tempo a incrociare Koblet e Anquetil, che nel 1938, al tempo del primo Tour di Ginettaccio, aveva quattro anni. Ha attraversato le epoche. Ma quanto dolore e quanta sfortuna. Senza la guerra, cos'avrebbe vinto di più? Forse, altri quattro Giri e altri quattro Tour. Perché il Bartali più grande è stato quello dal 1936 al 1940, e sullo slancio nessuno avrebbe potuto fermarlo, forse neppure l'immenso Fausto che lo pativa, temendone l'estro e la ferocia nello scatto, la potenza bestiale. Quando Bartali saliva, con quegli allunghi sprintati, sembrava dare sfogo a una cupa ira interna e nessuno al mondo poteva domarlo, neanche Coppi, che un giorno rivelò: «Anziché pedalare, a volte ho l'impressione che Gino preghi. Se ha un guasto, non va e lo stacchiamo, lui insegue e non demorde, non si ritira come per una promessa a Dio, a santa Teresa, a san Domenico e non so quale altro santo». Nei giorni in cui Bartali era incontrollabile, Fausto perdeva l'orientamento e poteva commettere errori madornali.

Gino non gli ha mai perdonato di averlo lasciato solo. Se Coppi non fosse morto in quel modo, se non avesse staccato Bartali anche lì, ora Gino non dovrebbe vagare come un pellegrino che porta in processione la propria storia e quella di Fausto, la sua immagine e quella del rivale, del povero amico rapito in cielo, di «quello là». E sempre Gino deve ripetere la solita filastrocca, che senza i guasti alla bici o le cadute o quel cane che gli attraversò la strada al Giro del 1940, mai Fausto lo avrebbe staccato per esclusiva sua forza, per chiara e indiscutibile superiorità. Da quasi trent'anni gli tocca combattere un nemico morto. E si può infierire su un morto? Si può raccontare tutta la verità? Si può ripetere che quella volta il direttore sportivo Pavesi lo obbligò ad aspettare Fausto, più cotto di una castagna, e lui, grullo, lo aveva aspettato? Si può dire che Coppi, quell'altra volta sulle Dolomiti, andava a zig zag e stava quasi per scendere di sella, così Bartali cominciò a urlargli: «Sei un acquaiolo, sei solo un acquaiolo!» come per dire che chi si arrende merita di restare gregario, e di portare l'acqua a vita. No, non si può parlare così di un morto. Ma senza quel morto, qui accanto, è difficile persino rimanere del tutto vivi. Sarà così che Bartali ha scelto di recitare la sua parte in solitudine. È tutto sbagliato, ma sul serio. E non perché sia tutto da rifare, ma perché niente, neppure un metro di strada, può essere rifatto.

C'era qualcosa di medievale, nella rabbia fosca che animava Gino Bartali all'assalto. E adesso c'è ancora, mentre appeso al volante insegue le curve della Liguria come un cane che fiuti la via di casa. Chi è ciclista, a casa è ovunque. Ora le sue 124 vittorie in 836 gare e in vent'anni di professionismo, i 150 mila chilometri percorsi, i tre Giri e i due Tour, le quattro Sanremo, i tre Lombardia, i quattro campionati italiani (persino quel Giro dell'Emilia vinto il primo maggio, quando i giornali non si stampano, però i tipografi di «Stadio» decisero per l'edizione straordinaria purché come premio, invece dei soldi, ci fosse una cena con Bartali), ora tutto il tempo e i giorni sono un mazzo di mimose, sono il ricordo di una siepe gialla fiorita sulla roccia.

FAUSTO COPPI, 1 GIUGNO 1953

Fausto, non puoi tradirci. Fausto, la corsa è corsa e pietà l'è morta. Fausto, lo sai che lo svizzero a duemila metri non respira. Fausto, non farmi ricordare che ti pago io. Fausto, ma che parola e parola! Pensa alle gambe invece. Fausto, ho montato il quarantasei per ventitré perché lo Stelvio è come l'Everest. Fausto, quello là non sta bene, ha preso le pilloline, devi attaccarlo e basta. Fausto, è tardi, vai a dormire.

Fausto, Fausto, Fausto. Troppa gente intorno, troppe voci. Lui sta bene solo. Stava bene con suo fratello Serse, quand'era vivo. O con Ettore e Sandrino, i suoi gregari, che però stasera non smettono di parlare. Gli chiedono di vincere il quinto Giro d'Italia, anche se lui ha promesso a Koblet che invece l'avrebbe vinto lui, Hugo, il migliore. Brutta serata. L'albergo è un accampamento prima della battaglia, neanche un angolo dove rimanere in pace. E proprio di questo avrebbe bisogno Fausto: pace, dopo i massaggi con l'olio canforato e una bella bistecca. Pace e silenzio. Lasciassero fare a lui.

Non lo lasciano, invece. Perché la Bianchi, la gloriosa marca delle bici color verderame, sa che il capitano Fausto Coppi il Campionissimo ha ancora nelle gambe la grande impresa, solo che non ce l'ha nella testa ed è lì che bisogna trovarla. Domani si va da Bolzano a Bormio, è la penultima tappa, Koblet ha la maglia rosa e non si è lasciato staccare da Fausto a Bolzano, raggiungendolo in discesa come un pazzo, sicuro di vincere a Milano come tre anni prima. Ha cancellato i suoi fantasmi, lo svizzero, del resto chi non ne ha? Fausto li colleziona, addirittura: paure, tristezze, ossa che si rompono come vetro, un fratello perduto in corsa, una moglie perduta e basta. Il Campionissimo pensava di vincerlo in salita, questo trentaseiesimo Giro d'Italia, sul Falzarego e sul Pordoi, oppure sul Sella che ha questo nome così da ciclisti. E c'era quasi riuscito, solo che Koblet gli è rinvenuto sulle ruote nel finale, dopo lo spaventoso tuffo, e Fausto si è complimentato perché è così che si fa: bravo Hugo, a me la tappa e a te la corsa. Non c'è bisogno di mettere troppe parole per dire non ti attaccherò più, il Giro è finito ed è tuo. Lo svizzero, che stupido non è, evita la volata a Bolzano dove Fausto si prende la gloria di un giorno. Tanto, quella di un mese sta per diventare sua.

Ma al ritorno in albergo comincia la processione. Vanno da Coppi il direttore sportivo Tragella e il patron Aldo Zambrini, che accarezza il suo asso contropelo. Vengono Ettore Milano e Sandrino Carrea, i due fedeli gregari. Viene il massaggiatore cieco, Biagio Cavanna. Ettore gli illustra la teoria delle pilloline: Hugo va troppo forte, c'è della chimica in quel motore e non può durare. Viene il meccanico Pinela De Grandi e gli spiega che ha montato sulla bici un rapporto mai visto, perché lo Stelvio è una salita incredibile: gli uomini di Fausto sono stati a vederla che era già buio, lasciando il campione con le sue lune di traverso. Quando è giù di corda, Fausto pare una tomba appena sigillata. Lì non si entra, da lì non si esce.

Fausto Coppi cena in silenzio, a capotavola, e anche gli altri sussurrano appena. Qualche parola per non dire nulla, si fa finta che ogni cosa sia normale. La fatica bestiale aiuta la sonnolenza. Quello che deve essere sarà, pensa Fausto, perché ha già deciso che non potrà essere niente: i suoi Giri rimarranno quattro per almeno un anno, anche se lui è del 1919 e il tempo non è mica infinito, neppure lo Stelvio lo è. Anche Coppi si chiede come possa essere fatta la montagna che nessuno ha mai visto, e quanto li farà penare. E chissà se Hugo, poi… chissà.

Fausto, devi provarci. Fausto, prometti! Fausto, questa corsa non è solo tua, c'è una squadra che sgobba per te da venti giorni, rispettala! «Ma io ho dato la parola…» risponde il campione, poi va a dormire. Forse, qualcosa si è già spezzato dentro, però lui non lo ammette. La lealtà prima di tutto, e la realtà: Coppi non è stupido, ha visto pedalare lo svizzero, sa che ora quell'altro vale le sue gambe, forse non i suoi polmoni ma le gambe sì. Ed è giovane, bello, ha tutto. E ha più coraggio di lui in discesa: va ancora a finire che se veramente Fausto lo attacca sullo Stelvio, magari Hugo lo riprende di nuovo in discesa e gli fa fare la figura del fesso due volte di fila. No, lasciamo stare, è andata così.

Il mattino del primo giugno 1953 c'è un sacco di gente al raduno di partenza, a Bolzano, aspettando i 125 chilometri che porteranno il gruppo a Bormio. Mani che si allungano verso i ciclisti, tutti vogliono toccare, chiedere, parlare. Non c'è rispetto per il lungo momento dell'attesa, per la quiete apparente che, invece, è carica di tensione. Già il corridore vede la strada, qualcuno trema, tutti soffriranno. E qui Ettore Milano ha l'idea. Ettore che è più di un gregario, è un segretario, è il confidente, il compagno di stanza di Fausto, il filtro tra il campione taciturno e il mondo. Ettore che ha sposato la figlia di Cavanna e vive in una casetta a Novi Ligure, dieci minuti in bici dalla villa di Coppi, della signora Bruna e della piccola Marina. Ettore, che Fausto ama ascoltare la sera, dopo la tappa tremenda, dopo il trionfo o la cotta, quando tutti e due mettono il naso sotto le lenzuola. Il sonno di Ettore è una martellata, quello di Fausto una bestia lenta, a volte anche dormire gli costa, ci sono pensieri e brutti sogni in agguato. La mattina, Fausto dice a Ettore: sei il mio compagno di stanza, ieri sera potevi pure raccontarmi qualcosa, invece devo sempre guardarti ronfare. In quei momenti, Ettore non sa mai cosa rispondere.

Invece sa benissimo cosa fare, stamattina. Andrà da Koblet e gli chiederà di posare insieme per una foto ricordo: il nuovo padrone in maglia rosa, insieme al gregario di Coppi, il vecchio asso sconfitto. Hugo è gentile, capirà. E poi Ettore Milano gli è simpatico, in questo Giro è pure riuscito a vincere una tappa incredibile a Napoli; alla fine gli hanno fatto uno scherzo, sono andati a cercare una donna bruttissima, senza denti, e le hanno messo in mano un mazzo di fiori appassiti, poi le hanno detto di baciare Ettore come se lei fosse una miss. Il mondo della bici è un circo dove tutti, a turno, sanno fare i pagliacci, loro che sono più spesso acrobati senza rete.

Ettore dunque s'avvicina a Hugo e gli domanda di fare questa benedetta foto insieme. Lo svizzero sorride, appena un po' sorpreso: Milano è un corridore, gregario sì ma collega, non è mica un tifoso che ti chiede l'autografo. Vabbè, facciamo 'sta foto. «Dai, Hugo, togli gli occhiali da sole che non ti si vede neanche in faccia», gli dice Ettore, e Koblet se li leva. Quello che Milano scorge dietro le lenti scure del campione è esattamente quello che pensava di trovarci: due cerchi di biciclette. Clic, la foto, merci Hugo, di niente Ettore, ciao.

Subito, l'angelo di Coppi va dal suo dio. Gli dice: «Fausto, ti assicuro, Hugo non sta bene, ha due occhi da malattia, avrà preso qualcosa che gli è andato di traverso, qualche pillola, o magari è solo stanco da ieri. Un cadavere, mi devi credere». E Coppi gli risponde: «Guarda i miei occhi, ti sembrano meglio?» Perché ha dormito poco e niente. Ma Ettore sa come ribattere: «Sei un fiore, al confronto».

Poi si parte. Nessuno ha tanta voglia di darsi pena e scaldarsi il sangue, i ciclisti sanno cosa li aspetta nel finale, oggi c'è il mostro e tanto vale andare tranquilli finché si può. Rimangono insieme fino a Spondigna. La tattica che hanno studiato i capi della Bianchi e riferito ai gregari, è semplice e diabolica: si tira alla morte mentre lo Stelvio si avvicina e poi, sui primi tornanti, Coppi dirà di rallentare ma la squadra fingerà di non sentirlo. Lo hanno spiegato al Campionissimo e lui muto. Chissà se accetta, quell'uomo è un mistero.

Fausto Coppi sa che la parola vale tutto. Nello sport bisogna essere corretti: quando Koblet è caduto nella quarta tappa, finendo addosso a una bambina al rifornimento di Popoli – sembravano tutti e due morti a terra, lo svizzero e la piccola – proprio Coppi ha ordinato al gruppo di rallentare e la corsa è stata neutralizzata. Forse si trattò del primo caso di fair play al Giro, in un'epoca di pirati e coltelli. È stato Coppi, il padrone del gruppo, a decidere che non si approfitta delle disgrazie altrui.

Volete che uno così si metta a fare il furbo il penultimo giorno? Solo perché glielo chiede la squadra in ginocchio? Solo perché lo vuole il patron? Accidenti, quanta gente c'è sulla strada, tutti a gridare: «Fausto Fausto», e la gamba non potrebbe girare meglio. L'elettricità della corsa, i rumori del gruppo, il soffio delle ruote e delle catene, il miagolio dei freni, le voci e i clacson, tutto questo sveglia Coppi dal torpore e gli cancella i pensieri, chilometro dopo chilometro, e insieme ai pensieri i dubbi. C'è un istinto, c'è un destino per ognuno, e il destino di Fausto è attaccare per restare solo. Da quindici anni è in fuga verso quella lontananza dove non si sentono voci.

Abbiamo un solo destino, e Coppi sa che deve andare. A duemila metri, Koblet comincia ad ansimare, da qualche anno è la sua maledizione, dicono si sia ammalato in Messico, o forse è il regalo di qualche notte «leggera». Ma Fausto non può accoltellarlo così. L'esecuzione, se proprio dev'essere, sarà più subdola. Verso Trafoi, dove molti dei quarantotto tornanti dello Stelvio sono già alle spalle e dove l'asfalto ha lasciato il posto allo sterrato, sono rimasti in cinque: la maglia rosa Koblet, Coppi che è la sua ombra, l'infinito Bartali che ormai ha trentanove anni ma è sempre un ossesso, Pasqualino Fornara ben messo in classifica, infine Nino Defilippis, un torinese di ventun anni che Coppi stima molto. Gli vuol bene, il Campionissimo, e lo chiama *cit*, bambino. Salendo sulla strada bianca, Fausto si accosta a Nino e gli chiede: «*Cit*, te la senti di dare una botta?» Nei cinquant'anni a venire, Defilippis ripeterà come un mantra la sua risposta: «Dissi a Fausto che per me era già un onore essere su quella salita insieme ai grandi, e tra poco mi avrebbero staccato. Se me lo chiedeva lui, non potevo rifiutare».

Così il bambino diventa il sicario scelto da Fausto per eliminare Hugo. Se Koblet evitasse di rincorrere Defilippis, forse rimarrebbe con Fausto e si terrebbe la maglia rosa, anche perché in discesa nessuno fila quanto lui. Ma l'istinto non ha padroni, ed ecco che Hugo Koblet si piazza sulla ruota di Nino, poi Fausto segue quella di Hugo. A questo punto, si tratta solo di aspettare. Lo svizzero va in apnea. Mancano dodici chilometri alla vetta dello Stelvio, quota 2753: per reggere lassù, ci vorrebbero le bombole degli alpinisti sull'Himalaya.

È il momento. Hugo dondola, ha gli occhi sbarrati e Fausto scatta. «Come una moto, tirava un rapporto impossibile, mai vista una cosa del genere in tutta la mia carriera», ricordava Defilippis. Lo Stelvio è un pista di gloria, un magnifico tormento. Una mano ha scritto «W Fausto» nella neve, ed è una fotografia che passerà alla storia. È il pomeriggio del trionfo e dell'ingiustizia: per la prima volta Coppi vince in qualche modo barando, anche se il suo rivale è davvero alla resa. Tuttavia, Hugo non si aspetta di essere trattato così, dopo l'accordo firmato con le parole da Coppi il giorno prima. Per inseguire il rivale, lo svizzero cade in discesa e ha pure la sfortuna di forare. Niente da fare, la corsa è andata: quel Giro, il giorno dopo a Milano, lo vincerà Fausto Coppi con un minuto e ventinove secondi su di lui, terzo sarà Fornara, quarto Bartali. Hugo e Fausto si incontreranno solo in albergo, la sera di Bormio: neanche una parola. Lo svizzero sbatterà la porta in faccia all'italiano.

Per decollare verso il suo quinto Giro d'Italia (e quell'anno arriverà finalmente anche il mondiale su strada, a Lugano), Fausto sfida la sua fragile vita anche in discesa, tuffandosi tra tunnel gonfi di polvere e muri di ghiaccio, che il campione sfiora a ruote bloccate. Vola in questo modo assurdo anche perché in uno degli ultimi tornanti ha avuto come una visione: gli è apparsa una donna in un impermeabile bianco, sfolgorante e bellissima. Si sporgeva tra la neve in mezzo agli altri volti, e gridava il suo nome come se volesse mangiarlo. Si chiama Giulia Occhini. Non passa inosservata, anche perché molti già sanno, e il giornalista francese Pierre Chany la definisce proprio così, la *dame en blanche*. Quel giorno nasce un personaggio da romanzo: Coppi si prende l'ultimo Giro e l'ultimo amore. La fine ha molti modi per cominciare.

FIORENZO MAGNI, 10 APRILE 1949

«Vuole andare al Giro delle Fiandre? Ci vada da solo, la bici ce l'ha!» Due ne aveva infatti in dotazione, Fiorenzo Magni, consegnate dalla Wilier Triestina all'inizio dell'anno, se le facesse bastare. E due selle Brooks da ingrassare e massaggiare più dei muscoli, perché è lì che il ciclista appoggia il corpo per ore e lo scuoia. I pionieri mettevano una bistecca (i pochi che potevano permettersi il lusso) tra il sedere e la sella, dove i guerrieri Unni facevano frollare la carne prima di divorarla.

Fiorenzo non è mai stato lassù, tra Gand e Wetteren, nella corsa che da sempre anticipa di una settimana la Roubaix e spalanca le porte dell'Inferno del Nord. Pietre, fango, strappi tremendi come il muro di Grammont, gelo nel profondo delle ossa, paura, solitudine. E sinistra bellezza sotto la cupola nera delle nuvole.

Lui è un passista di grande potenza, un combattente nato. Appartiene alla generazione uscita dalla guerra con i segni della distruzione e della sopportazione, uomini fragili e indistruttibili insieme, uomini pazienti. Gente che ha il dolore come compagno di viaggio. In più, rispetto ad altri reduci anche dello sport – il prigioniero degli inglesi Fausto Coppi, o la staffetta partigiana Bartali – Fiorenzo

Magni è stato fascista. Non assassino, ma militante di Salò (lo processarono per la presunta partecipazione all'eccidio di Valibona, in Toscana, ma venne assolto). Fascista: la parola che gli hanno urlato gli spettatori del velodromo Vigorelli, l'anno prima, quando Fiorenzo è arrivato in maglia rosa all'ultima tappa del Giro. Accusato di essersi fatto spingere sul Pordoi, e punito con due minuti di penalizzazione; questo provocò il ritiro della Bianchi e di Fausto Coppi dalla corsa, per protesta, e nelle ultime due giornate di gara Magni venne sommerso da fischi, insulti e sputi. Non fece neppure il giro d'onore con i fiori in mano, sulla pista milanese dei record. «Fascista, fascista!» gridava la folla, e Fiorenzò girò la bici e andò in albergo.

Era un idolo delle strade, però non si sentiva amato. Questioni politiche, ma anche perché si diceva che Magni corresse la prima parte di molte gare facendosi tirare per i pantaloncini dai gregari, per faticare meno: un trattamento previsto addirittura nelle clausole dei contratti d'ingaggio dei compagni di Fiorenzo; nessuna legge lo vietava. Tuttavia, pare che nessun campione dell'epoca ne approfittasse quanto Magni; anche se, per lui, la vera difficoltà è restare nella morsa di quei due fenomeni, Gino Bartali e Fausto Coppi, amico di Fiorenzo nonostante la polemica del Pordoi. Insieme, beffando il povero Nencini vittima di una foratura, Magni e Coppi voleranno nella tappa decisiva del Giro 1955, da Trento a San Pellegrino, traguardo a Fausto e maglia rosa a Fiorenzo, trentacinque anni, il più anziano vincitore del Giro d'Italia.

Coppi e Bartali, Bartali e Coppi. E poi lui, «il fascista», il terzo uomo. Così pesante in salita, così folle in discesa dove non teme confronti: sa tuffarsi dalle vette a tomba aperta, come dicono i *suiveurs* del tempo, senza temere la morte. Una volta, nel famoso Giro del 1956, quello della neve sul monte Bondone (quel giorno, nella tormenta, proprio Magni arrivò secondo dietro Gaul), Fiorenzo era tutto rotto per colpa delle cadute, ma rotto davvero: frattura della clavicola sinistra e dell'omero. Pur di non fermarsi, tira il manubrio con i denti usando un tubolare sgonfio, e nella discesa dello Stelvio gli montano il freno sinistro sul lato destro (l'altra mano non potrebbe mai stringerlo), ma soprattutto gli rinforzano la suola degli scarpini con placche d'acciaio: potrà metterle a terra, per rallentare. Ed è così che Magni si tuffa dallo Stelvio e infila i tornanti, frenando con una sola mano e, poco, con i piedi.

Per uscire dalla morsa di «quei due là», gli serve qualcosa di unico, un'impresa che lui solo può costruire. Il paesaggio del Nord Europa gli sembra perfetto: quelle sono zone dove gli italiani vanno per scavare miniere, non per pedalare, i nostri campioni non amano le pietre nere del carbone e gli spigoli del pavé. Ma nessuno è potente e coraggioso quanto Magni. E se la Wilier Triestina, pure lei stretta nella tenaglia di Coppi e Bartali (costruisce infatti biciclette, come la Bianchi di Fausto e la Legnano di Gino), gli ha detto che al Giro delle Fiandre dovrà andare da solo, lui ci andrà. Anzi, va con il fido gregario Ausenda e una specie di cronista personale, Guido Giardini, inviato della «Gazzetta dello Sport» e caposervizio della rubrica di ciclismo. Perché la bici fa vendere i giornali, e l'avventura solitaria di Fiorenzo Magni ha già un intrigante sapore romanzesco.

Si corre il 10 aprile 1949, il cielo è più scuro della terra. Magni, Ausenda e Giardini hanno raggiunto il Belgio in treno, carrozza di seconda classe e «bagaglio appresso»: cioè la bicicletta di Fiorenzo, più una sella ingrassata Brooks di scorta. Alla partenza da Milano, il massaggiatore saluta il campione e gli consegna una bottiglia di limonata: «Farà freddo, ma forse la puoi godere». Il fido Ausenda gli fa anche da meccanico, e comunque Fiorenzo è un autodidatta, quasi un inventore, di sicuro un progettista creativo: ha passato l'inverno pensando al Giro delle Fiandre, a come trasformarlo nel suo regno, e si è fatto preparare ruote in legno molto elastiche e robuste, perfette per non spezzarsi sulle pietre. Anche i tubolari sono speciali, ben stagionati come il vino migliore, e il manubrio è imbottito di gommapiuma.

Fiorenzo Magni consegna la sua bici Wilier all'addetto delle ferrovie, in Stazione Centrale, che lo riconosce e gli chiede l'autografo. In cambio, costui gli porge la ricevuta del bagaglio, mentre prova a incollare l'altro pezzo di contromarca sulla sella. Fiorenzo lo ferma: la sua Brooks non si tocca! Il talloncino verrà appeso al telaio, e Magni andrà a controllare la bicicletta nel carro bagagliaio a ogni sosta del treno.

Fiorenzo Magni è un generoso, un guerriero, ma non è uno sciocco. L'istinto gli scatena la furia della *bagarre* («Sa suscitare gli animi come un boxeur», scrive Gianni Brera), però non ne offusca la ragione. Lui è soprattutto un tattico, equilibrista non solo nelle discese a capofitto ma nelle alleanze, rispettoso dei contrappesi che mantengono viva la regola non scritta: oggi a me, domani a te. Quando Bartali pretende che la squadra azzurra sia ritirata dal Tour de France del 1950 perché i francesi lo hanno insultato e colpito con un cazzotto sull'Aspin, Magni è maglia gialla ma ubbidisce: la ripiega per bene e la mette in valigia. Non vincerà mai il Tour, però sa che Bartali non va contraddetto, altrimenti te la farà pagare per il resto della carriera. A parte l'addio alla gloria sportiva, la rinuncia di Magni non è indolore dal punto di vista economico, perché gli organizzatori del Tour, pur di trattenere la maglia gialla, offrono promesse di contratti per una quarantina di criterium in pista e in circuito, dopo la Grande Boucle. Una montagna di soldi, e Magni non è certamente ricco. La beffa diventa doppia, perché quei criterium li correrà proprio Bartali. Anzi, diventa tripla, perché il Tour del 1950 lo vince lo svizzero Ferdi Kübler, un ciclista che nelle gare a tappe era sempre arrivato dietro di lui. Tuttavia, non è arrendevolezza ma calcolo a lungo termine. Come quello che gli ha permesso di salvare la pelle in guerra.

«Il destino del ciclista è soffrire da solo», ha detto una volta Magni. Soffrire è anche restare l'ultimo vivo di una generazione di eroi morti. Vivo, con ricordi indistruttibili e implacabili. Senza Fausto, senza Gino, senza il povero Gastone, senza Charly, senza più nessuno attorno con cui condividere il tempo se non Alfredo Martini, un altro toscanaccio di tempra ruvidissima, un altro superstite. Anche se Magni è toscano più che altro per nascita, avvenuta a Vaiano di Prato il 7 dicembre 1920. Lasciò la scuola giovanissimo, per aiutare il padre camionista che morì in strada quando Fiorenzo aveva solo diciassette anni. Molta parte della sua vita Fiorenzo l'ha trascorsa in Brianza, dove, dopo le corse, è diventato imprenditore e titolare di autosaloni. A metà degli anni Cinquanta inventò addirittura la moderna sponsorizzazione sportiva. Si era in epoca di grave crisi, e la bicicletta cominciava a essere meno venduta e quasi sopravanzata da motociclette e automobili. La pubblicità, garantita alle ditte che costruivano le bici, non era più sufficiente, così Magni pensò che bastasse abbinare a una squadra ciclistica un marchio industriale qualunque, anche non sportivo. Nel 1954 nacque la Nivea, prima squadra ciclistica senza marchio di biciclette: merito anche dei Laboratori Cosmochimici del dottor Zimmermann, che ci credettero.

Ma oggi, 10 aprile 1949, tutto questo è ancora lontano. Il mattino pare incattivito. L'albergo per la notte della vigilia del Giro delle Fiandre (Tour del Flandres, oppure Ronde Van Vlaanderen in fiammingo) lo ha rimediato un ex corridore che gestisce un bar in Belgio. La domenica della corsa, piove un'acqua diaccia polverizzata dal vento. Fiorenzo Magni ha una forza da demolire la concorrenza e va via regolare, come un motore perpetuo. Il cronista Giardini, non particolarmente pio, rincantucciato nella macchina al seguito confesserà di avere molto pregato il Padreterno affinché Magni non forasse e non cadesse, promettendogli un irreprensibile comportamento per il resto della vita. Ma il secondo padreterno, quel giorno, fu proprio Magni, quando infine stabilì di attaccare sul muro di Grammont e poi al traguardo, dove seppe sconfiggere i belgi Ollivier e Schotte, che pure aveva la classe di un campione del mondo. Dopo l'arrivo, un inviato gli porge il suo impermeabile: è Jacques Goddet, il direttore dell'«Équipe».

L'organizzatore Karel Steyaert dichiara che da oggi l'appellativo di Leone delle Fiandre passa di mano: non spetta più al mitico Jef Demuysere, ma apparterrà in perpetuo a Fiorenzo Magni. I nostri emigrati fanno trangugiare birra calda al campione, anche se non riescono a fargli mangiare la proverbiale mela cotta nella birra. In quei momenti, con addosso ancora i sobbalzi della strada (una sensazione, dicono, che resta dentro per ore, come un fremito di malattia), Magni capisce di essere veramente a casa. E che neppure «quei due là» sapranno mai abitarla quanto lui. Perciò decide di tornare al Giro delle Fiandre nel 1950 e nel 1951, e ancora se lo prende come sollevando una sposa. Non c'è sasso tra la fanghiglia che non gli appartenga, non c'è sentiero tra i tagli di pietra che non sia per lui binario e discesa verso il trionfo. Siccome Fiorenzo è un tattico, decide di declinare l'invito alla quarta partecipazione, che Steyaert gli recapita nella primavera del 1952. «Non verrò, scusate, ma voglio staccarmi dal Giro delle Fiandre da vincitore imbattuto.»

Perché bisogna tenere stretta la chimera della vittoria, bene prezioso ed effimero. Il grande Fiorenzo Magni, davvero il più ruggente tra i fuoriclasse italiani del pedale d'ogni tempo, lo scoprirà nei giorni amari che non mancheranno (anche se la sua carriera comprenderà, oltre al tris nel Fiandre, anche tre Giri d'Italia e altrettanti campionati nazionali). Lo scoprirà perdendo un Giro di Lombardia già vinto, solo per colpa di un vigile urbano che gli indica una strada sbagliata a due passi dall'arrivo. Lo scoprirà perdendo un mondiale per colpa di una sella che si rompe in volata. Lo scoprirà arrivando secondo alla Sanremo, altro traguardo per lui proibito. Lo scoprirà la sera di Saint-Gaudens, quella del ritiro dal Tour in maglia gialla, il Tour che resterà per sempre un miraggio. Ma non si può avere tutto. Chi ha conosciuto la bellezza di un cielo nero e la dolce durezza della pioggia sul viso, si accontenta del sogno d'esser stato un leone.

RIK VAN STEENBERGEN, 21 AGOSTO 1949

L'Uomo di pietra è tutt'uno con la strada. È impastato dell'identica materia, è fatto di sassi e ghiaia, rocce, bitume e asfalto quando ce n'è. Ruvido e grezzo, non lo scuote il vento. Refrattario e liscio, non lo inzuppa la pioggia. Minerale e freddo, non lo sfiora il calore. Lo dice anche il nome: Van Steenbergen, cioè «Della Pietra». Lo chiamano Rik, anche se all'anagrafe venne registrato dai genitori con un vezzoso e quasi buffo Hendrik Constantia Maria. La sua terra è il Belgio, dove abita il freddo, dove i volti dei ciclisti conoscono solo la cipria del carbone e dove non passa giorno senza acqua dal cielo, un cielo sempre nero.

La pianura entra nei corpi dei corridori e li plasma. Ne calibra il motore di formidabili passisti, perché il ritmo è la rotondità dell'orizzonte: in sella, si prende il passo e si va. Il paesaggio è un lago di terre immobili. Ed è qui che abita Enrico Della Pietra, il monumentale Rik Van Steenbergen, un metro e ottantasei di altezza per ottantatré chili di peso. Quando deve trascinarli in montagna non c'è da sorridere, anche se un giorno non lontano (Giro d'Italia 1951) riuscirà ad arrivare addirittura secondo a Milano, dietro quel combattente di Fiorenzo Magni, impastato di sassi non meno di lui.

L'Uomo di pietra è nato al tempo delle aquile, e questo non aiuta. Il più grande della sua epoca si chiama Fausto Coppi, ed è un dio. La terra di Coppi non è piana come quella di Rik, ma si muove alla cadenza di dolci colline. Il formidabile piemontese vola ovunque, è un drago in pianura, un portento sui monti. Solo in volata è quasi fermo, perché ha il corpo dell'airone e neppure un grammo di pietra nel sangue. Lo sprint è un esercizio che non gli appartiene. Per quello, serve la potenza muscolare che si fa furia nell'azzardo dell'ultimo metro, quando i corpi sono palle di cannone. Fausto Coppi ha troppa pulizia nel gesto tecnico per gettarsi a capofitto in quelle mischie: la sua dimensione è la solitudine, l'esatto contrario delle volate. È aristocratico, l'Airone, ed è tragico: deve fuggire, deve rimanere l'ultimo uomo sulla faccia della terra. Deve sentire il gruppo allontanarsi, svanire alle spalle nel dondolio della sua bicicletta. Fausto Coppi è pazienza e silenzio, Rik Van Steenbergen è rumore e lampo.

Ha già vinto la Roubaix, ha già vinto la Freccia Vallone e due Giri delle Fiandre, prima di questo mattino d'agosto che è come novembre, la pioggia prende a schiaffi i volti e il vento li smeriglia. Niente estate a Copenhagen, e questo piace a Rik perché gli ricorda casa. È il 21 agosto 1949, un anno incredibile sta scollinando. A maggio è morta la squadra del Torino, precipitata contro una collina che somiglia a quelle di Coppi, gobbe morbide che non possono far male. Soltanto Fausto poteva asciugare un po' le lacrime di tanta gente, e come una carezza sono state le vittorie prima al Giro e poi al Tour. Non è umano, Fausto Coppi, nel 1949. È toccato dall'ala della grazia.

Non esiste gesto che non lo sublimi: mai è stato più irresistibile in salita, mai il suo procedere nelle pianure d'Italia e Francia ha espresso tanta naturale potenza. È un mistero dove gli nasca la forza, in quale angolo del corpo si nascondano le profondità della miniera. Lo vedi e ti domandi quale sia il miracolo. È filiforme, tutto nervi e muscoli. Il labbro superiore s'increspa appena in una smorfia, quando qualcuno gli rivolge la parola prima di una corsa. Fausto Coppi sa macerarsi nel silenzio, ma soprattutto lo sa ascoltare: e da quel luogo gli arrivano voci segrete, lì trova il senso del suo viaggio.

Di ben altri mondi è figlio Van Steenbergen, che sta per correre il mondiale e si siede sulla canna della bici, fissando l'orizzonte. Non c'è quasi pubblico. I pochi spettatori hanno riempito la tribuna all'arrivo, e ora guarda i ciclisti che si preparano a partire. Il resto è strada vuota, quella che Fausto preferisce, perché gli ricorda le mattine degli allenamenti tra Novi e il Sassello, scortato da Ettore e Sandrino, i suoi gregari. Gente di campagna, scorza contadina. Parole, quasi nessuna. Anche Rik è uno del popolo, chi non lo è in questo tempo che consuma guerre mondiali e vite come scintille? Un attimo e già non ci sei più. Al paese, Arendonk, vicino ad Anversa, Rik ragazzino lavora alla manifattura tabacchi, poi va a fare il garzone di macelleria; quasi come Fausto in una salumeria a Novi Ligure. Se non se li fosse presi la bici, Coppi e Van Steenbergen avrebbero passato l'esistenza ammazzando maiali. Invece Fausto corre dal 1939, Rik dal 1943, quando all'esordio vinse il titolo nazionale dei professionisti su strada e in pista, specialità omnium e inseguimento. Perché l'Uomo di pietra si manifesta subito come un sublime pistard. Girando in tondo vincerà 715 volte fino a quarant'anni, quando correrà le Sei giorni insieme al genero, il danese Palle Likke, e per risparmiare divorerà panini in macchina anche da ricco: come molti che arrivano dal niente, al niente teme di tornare. Ha deciso per tempo che lascerà in eredità almeno una casa a ognuno dei suoi quattro figli, ed è così che dev'essere. Correre, sgobbare, guadagnare, risparmiare e poi addio.

Gli azzurri sanno che oggi sarà Rik l'uomo da battere, perché il circuito del mondiale è più liscio di una pozzanghera. Fausto ha una furia nelle gambe che non saprebbe definire, da mesi lo accompagna una forma sensazionale. Sa di potersi prendere la maglia iridata solo se staccherà tutti; ma com'è possibile, se la strada non sale mai?

Il vento picchia a otto metri al secondo. Fausto Coppi sa di non dover lasciare la testa della gara neppure per un metro, e al terzo giro s'infila nella prima fuga dei belgi. Insieme al più grande corridore di ogni tempo ci sono Ollevier, Impanis, Diederich, Schär, Stetter, Schulte, Diot e naturalmente l'Uomo di pietra. All'undicesimo giro, Magni parte con Pezzi in caccia dei fuggiaschi, e lo assecondano Robic Testa di vetro, Ockers, Peeters, Erzner e Van Est. Due giri dura l'inseguimento, poi tornano tutti insieme e il ritmo si placa poiché ognuno ha bisogno di rifiatare. Il magnifico Fausto fiuta un'aria che non gli piace, avrebbe bisogno di qualche ondulazione per provare a scappare.

Nel vento già sgomita il più grande velocista d'ogni tempo, Enrico Costante Maria Van Steenbergen. È scaltro, si protegge lasciandosi ingoiare nella pancia del gruppetto. Ogni pedalata va mantenuta con risparmio e cura, perché tornerà buona più tardi. Si deve stare in sella per sette ore e mezza, si arriverà quasi con il buio e nessuno regalerà niente. L'Uomo di pietra controlla e basta. Se non lo staccano, se l'Airone non riuscirà in qualche modo a decollare prima degli ultimi duecento metri su duecentonovanta chilometri, sarà lui a trionfare. La legge dello sprint è una scienza esatta: massa, potenza, guizzo, istinto e coraggio danno risultati certi.

Tutto il mondo sa che l'Uomo di pietra scatta e non rallenta mai. Quando decide di lanciarsi, è matematico che la sua progressione non avrà indugi. Ci sono volate in cui Van Steenbergen trionfa quasi per distacco, strappando gli avversari da ruota. È un re della pista con il chilometro lanciato nelle gambe e non ha paura di niente. Non c'è raffica di vento capace di frenarne l'impeto animale. Anche se per ognuno arriva il giorno impossibile, il momento matto: Rik lo conoscerà sul traguardo di Sanremo, nel 1950, quando il vecchio scalatore Bartali lo brucia di pura resistenza, con uno slancio che sa di disperazione. Non potrà crederlo, l'Uomo di pietra, per una volta pietrificato. Anche se la corsa dei fiori sarà di nuovo sua nel 1954, quando Coppi avrà una sola cosa in mente: non lasciare scampo a Loretto Petrucci, ex compagno di squadra che a Sanremo fa il furbo e lo beffa da due primavere. Il controllo che Fausto impone alla corsa è assoluto, e Van Steenbergen ringrazia per il dono: il suo sprint, nell'odore del mare, sarà come il compito di un bambino diligente.

E tanti ne svolgerà, di compiti simili e perfetti, in ventitré anni di professionismo dal 1943 al 1966, prendendosi tutte le grandi classiche, quindici tappe al Giro d'Italia e tre al Tour de France. Alla fine della carriera, avrà vinto 270 corse su strada: più di lui, nella storia del ciclismo, soltanto Merckx (445), Van Looy (379) e Moser (273). Si smarrirà da vecchio per colpa dell'alcol, morendo a settantotto anni in un ospizio, irriconoscibile per i pochi rimasti a ricordarlo com'era.

Il sublime e drammatico Coppi sa che Van Steenbergen è l'unico avversario, in certi giorni e su certi percorsi, contro il quale non può far nulla. Lo scopre sulle affilate strade della Roubaix, nel 1952, quando Fausto e Rik rimangono da soli davanti, a masticare fango. Tra i sentieri crudeli che spezzano i polpacci, Fausto scatta e scatta ancora, ma sempre Rik riesce a recuperare metri e rientrare sulla ruota del rivale: la fissa come ipnotizzato. Il belga sa che la prossima frustata dell'italiano può essere definitiva. Mai nella vita ha sofferto tanto, perché oggi Fausto trasforma la pianura in montagna, e questo pavé assassino è uno Stelvio di tornanti attorcigliati. La progressione di Coppi, la tenacia di Rik. Già si scorge all'orizzonte il velodromo di Roubaix. Fausto non è riuscito a scheggiare l'Uomo di pietra che in volata lo batte, inesorabilmente. Poi Rik crolla sul prato, ruba tutta l'aria che gli sta intorno e gli sembra pochissima, infine trova le ultime parole rimaste per dire: «Ancora uno scatto di Coppi, uno solo, e avrei ceduto».

Il furioso duello prende corpo anche qui, a Copenhagen, dove la pioggia sfuma il paesaggio dentro una nebbia collosa. Chi ha detto che all'inferno arde il fuoco eternamente? Ben più tremendo è il gelo, il vuoto silenzioso di una pianura senza vita e senza speranza.

Al ventunesimo giro, Schulte parte come un ossesso, ma Coppi è attento, non si distrae e scatta a sua volta. Dal gruppo rinviene Van Steenbergen. Fausto sa di dover compiere la sua opera di demolitore, a costo di fare solo un piacere al belga; ma se andrà bene, tra i demoliti ci sarà anche Rik. Al trentesimo giro, l'italiano picchia la strada come un martello e quasi tutti cedono, tutti meno lo svizzero Kübler e l'Uomo di pietra. Ed è già traguardo. Fausto Coppi cerca di partire da lontano, ma Kübler e Van Steenbergen gli tengono stretta la ruota. Scriverà Brera: «Rik produce lo sforzo decisivo (a duecento metri circa) e si vede la sua macchina guizzare come l'attirasse un elastico. Vince con tre buone macchine e Fausto cerca con disperata foga di rimontare almeno Kübler. Ma il campione svizzero non molla e Fausto, rassegnato, desiste. Una piega amara gli incide il volto. Non era questa la corsa per lui e lo sapete. Per le piatte gare di kermesse bisogna nascere. E Coppi non è nato per le kermesse. Le aquile non scendono sulle aie».

L'Uomo di pietra indosserà altre due volte la maglia iridata, nel 1956 davanti a Van Looy e nel 1957 battendo Bobet. Solo Binda prima di lui, Merckx e Freire dopo, sono riusciti a vincere tre volte il mondiale su strada. Ma è il trionfo del 1949 a incidere la memoria come uno scalpello. Nella fotografia dell'arrivo, Rik sorride e solleva appena la mano destra, come per salutare. Dietro, Kübler sta già sganciando il pedale e Coppi è immobile e ingobbito, chiuso nella sua sconfitta. «Mi sarebbe bastato un cavalcavia, un solo cavalcavia», dirà con quel sospiro che gli altri chiamano voce.

HUGO KOBLET, 27 LUGLIO 1951

Comunque, avrei vinto io. Avrei vinto io. Quante volte l'avrà ripetuto Hugo Koblet, l'Angelo biondo, le Pedaleur de charme, l'Apollo d'oro, il Falco, quando senza neppure domandare gli accennavano al Giro d'Italia del 1950, il primo perso dagli italiani e conquistato proprio da lui, un lanzichenecco alla fontana di Trevi, uno svizzero addirittura, un calvinista che arriva a San Pietro nell'Anno santo e manda all'aria la speranza di Pio XII che aveva ricevuto in udienza i corridori, e si augurava che il pio Gino, l'amato Bartali e la sua provata fede mettessero la ruota davanti a quella di chiunque. Certo, senza la caduta di Coppi…

«Avrei vinto lo stesso.» Il Campionissimo era cascato come sovente gli avveniva, accidentalmente, nella tappa verso Feltre, sulle Scale di Primolano. Mentre cerca di rimontare il gruppo, ha davanti un tal Peverelli, uno che non ci vede bene per colpa di un volo al Tour dell'anno prima, quando era andato a sbattere l'occhio sinistro contro una roccia. Peverelli non vede Coppi passare e scarta di lato, mandandolo a terra. Il più leggendario corridore di ogni tempo ha le ossa fragili, Brera sosteneva che fosse questa la sua salvezza: ogni caduta, qualche mese di tregua per ricaricare il motore e non morire in sella. Ma quella volta, avvicinandosi ai monti che decideranno il Giro, Coppi si spezza addirittura il bacino in tre punti. È un colpo tremendo, e all'Italia non resta che il solito Ginettaccio per respingere il lanzichenecco. Bartali attacca Koblet sul Pordoi e sul Gardena, ma non c'è niente da fare, lo svizzero decolla a ogni pedalata, è uno spettacolo di stile e leggerezza. Fausto rimane per ventinove giorni immobile nel letto, Gino non può accontentare il papa, sarà soltanto secondo a oltre cinque minuti da Hugo. «È fortissimo e può battere il record dell'ora quando vuole», dice Coppi di lui. E Koblet ringrazia, però precisa: «Per allenarmi bene e provarci, dovrei rinunciare a troppi ingaggi».

L'angelo biondo era nato a Zurigo il 21 marzo del 1925, e prima di correre in bici faceva l'argentiere. Però era allergico agli acidi, e smise. Ci sono storie che cominciano con un rifiuto, con un'impossibilità. Ma quando Koblet sale in bicicletta, sono gli avversari a essere allergici a lui, perché è un predestinato. Vincenzo Torriani, lo storico patron del Giro d'Italia, lo segnala a Learco Guerra, la Locomotiva umana, che ora è direttore sportivo e va a caccia di talenti. Quando Learco vede lo svizzero in gara, quando ne ammira la plastica bellezza e la facilità con cui sprigiona enorme potenza senza darlo a vedere, capisce d'essere di fronte a un fenomeno. «Ho trovato chi farà piangere Coppi e Bartali», confessa agli amici. Gli credono, perché Guerra è un duro, uno che non si entusiasma mai. Quel pistard, quel magnifico passista sarebbe andato forte anche in salita, Guerra ne era certo: «Deve solo crederci, e io glielo farò credere».

Eccolo dunque al Giro, e ha solo venticinque anni. È

l'epoca d'oro del ciclismo, la stagione più affascinante che si sia mai vista. Lo sfondo sul quale i campioni pedalano è l'Italia del secondo dopoguerra, una scenografia tremenda e fascinosa, un luogo dove la gente ferita impazzisce dalla voglia di vivere ancora. In quel tempo di entusiasmo e stenti, Coppi e Bartali (ma anche Fiorenzo Magni e Toni Bevilacqua, e tutti gli altri eroi popolari del gruppo) sono gioventù e speranza, sono la ricostruzione degli animi: senza quella non si potranno rifare le case, le strade, le piazze. Sconfitti in ogni guerra e in ogni storia, gli italiani vedono nello sport l'unica possibilità di essere i migliori. Nel calcio, è il Grande Torino a incarnare lo spirito del tempo, mentre in bici la missione spetta a Coppi e Bartali. Il disegno del destino è nitido, ma c'è un imprevisto che si chiama Hugo Koblet e arriva dalla Svizzera, luogo di neutralità anche sportiva perché non è terra di fuoriclasse. Invece Hugo lo è. Luminosissimo.

Certo, quando Koblet trionfa a Roma, il nostro Bartali ha già quasi trentasei anni e Coppi è ingessato. Sono le due ombre che lo svizzero dovrà soffiare via al Tour del 1951, la sua corsa più memorabile. Fausto Coppi è il fantasma di se stesso, gli è appena morto in corsa il fratello Serse e ha quasi pensato di ritirarsi dal ciclismo. Invece resta, ma è vuoto dentro, scavato da un dolore che gli terrà compagnia fino all'ultimo dei suoi giorni. Nella tappa di Montpellier va in crisi, prende una «cotta» pazzesca, arriva mezz'ora dopo i primi ed esce di classifica: gli organizzatori aumentano il tempo massimo, per evitargli l'umiliazione del ritiro e per non perderlo. Koblet gli regala la tappa di Briançon, non va a riprenderlo quando Fausto scatta da solo, alla ricerca almeno dell'impresa solitaria. «A questo mi sono ridotto, mi hanno lasciato vincere come un nessuno», dirà Coppi all'amico Ruggero «Raro» Radice, uno dei cantori di quell'epica stagione.

Fausto era stato battuto da Hugo già nella prima crono di Angers, perdendo più di un minuto. Nessuno riesce a star dietro a Koblet quando scatta. È normale che i padroni delle grandi corse a tappe spezzino gli avversari in salita, molto meno che vengano sbriciolati in pianura: ed è esattamente quello che fa Koblet, polverizzando il gruppo senza bisogno che la strada salga. È talmente superiore da andarsene quando vuole. Mai nessuno ha realizzato un'impresa come la sua fuga di 130 chilometri, tutti pianeggianti, da Brive-la-Gaillarde ad Agen, quando Hugo scatta dopo appena quaranta chilometri e tutti cercano di andarlo a riprendere, ci provano Coppi e Bartali, ci provano Magni e Bobet e Geminiani e Derycke, però lo svizzero vola e il suo vantaggio, invece di diminuire, cresce. Arriva al traguardo due minuti e mezzo prima degli altri, e con due soli gesti costruisce la sua leggenda: all'ultimo chilometro estrae una spugnetta, si pulisce il viso, poi prende un piccolo pettine dalla tasca e si sistema i capelli biondi. Come se fosse davanti allo specchio di casa, e si stesse preparando per un ballo.

Le donne impazziscono per questo ciclista atipico, sempre in ordine e profumato, sorridente e gentile. Sul suo volto sono assenti le rughe del dolore: quello, se c'è, gli resta dentro, invisibile. Gli altri corridori sono quadri dipinti a tinte forti. La faccia di Bartali è così, Gino pare vecchio già da giovane, lo sembra mentre gli si avvicina

Koblet e gli chiede da bere, per favore. Ci sono giorni, al Tour, in cui il sole ha fauci spalancate e anche i campioni possono rimanere senza gregari, senza portatori d'acqua. Ma il pio Gino, forse ricordando l'umiliazione dell'anno precedente, a Roma, o forse soltanto perché in bici non c'è spazio per la compassione ed è lotta tremenda di tutti contro tutti, lascia che Koblet gli domandi l'acqua, poi prende la borraccia, ne beve un sorso, toglie il tappo e la rovescia a terra. Lo svizzero incassa il colpo in silenzio.

E così si arriva al 27 luglio 1951, il giorno in cui si deciderà un Tour già chiuso dalla potenza di Hugo Koblet. Ormai la corsa è quasi finita, e stavolta nessuno può dire che il primo vince perché un altro più grande di lui è caduto e si è rotto le ossa. Stavolta sono diverse le fratture di Fausto Coppi, stanno semmai nell'anima e non c'è gesso che le ripari. Ma l'italiano è grande anche nella sconfitta, e non s'arrende. Onora la corsa, come si diceva a quei tempi, e alla fine arriverà decimo, anche se sono appena trascorsi due anni da quel 1949 di tutti i trionfi, in Italia e in Francia.

Ci sono storie luminose e scintillanti come un giorno d'estate, e questa è la sorte di Hugo Koblet. Il suo giorno, in qualche modo l'ultimo, è proprio quel 27 luglio. Si corre la cronometro da Aix-les-Bains a Ginevra, sull'impressionante distanza di 98 chilometri. È come tentare il record dell'ora due volte di seguito, cioè l'impresa che Hugo avrebbe in tasca (l'ha detto Coppi, e lui lo sa), ma che non vuol preparare per questione di soldi. Tanti ne guadagna, chi vince il Tour de France.

La potente bellezza di Hugo Koblet raggiunge in quel

pomeriggio di luglio il suo vertice. La rotondità della pedalata ha proporzioni classiche, come se il corridore fosse scolpito nel marmo. Hugo è partito ultimo, essendo in maglia gialla, dunque assai dopo Bartali. Ma Gino non è una motocicletta, non in pianura almeno. E quel giorno Koblet va più forte che mai. Infatti, a un certo punto raggiunge Bartali. Lo vede brillare all'orizzonte come una piccola stella, un riflesso d'acciaio che prende forma, fino a diventare l'inconfondibile sagoma di Ginettaccio. Appena tre anni prima, il toscano ha vinto il Tour dopo un decennio, evitando forse che in Italia scoppiasse una guerra civile dopo l'attentato a Palmiro Togliatti. Adesso Koblet è a duecento metri da Bartali, a cento, a cinquanta. Vede che l'altro è perso, ma soprattutto si accorge che la gabbietta della borraccia è vuota. Allora s'accosta a Gino per sorpassarlo, prende la borraccia ancora piena e gliela infila sul telaio, senza uno sguardo.

Il Tour è suo, una proprietà esclusiva. Il secondo, il francese Geminiani, è staccato di 22 minuti. Bartali è quarto a quasi mezz'ora, Coppi decimo a 46': per Hugo è la migliore risposta a quanto sarebbe accaduto al Giro d'Italia, l'anno prima, se Coppi non si fosse spezzato il bacino per colpa di un ciclista orbo.

Ma cosa succede quando un atleta va a picchiare duro contro il trionfo? Cosa nasce dall'impatto? Succede che tutti lo vogliono, aggrappandosi alla sua gloriosa maglia e alle sue umane debolezze. A Koblet fanno la corte nientemeno che i messicani, organizzatori di un giro per dilettanti e assolutamente Hugo dovrà tenerlo a battesimo. L'invito è ricco, il periodo ideale, l'inverno del 1951. Affascinato dal Sudamerica, Koblet accetta. Vivrà come un principe da Città del Messico e Veracruz, Aguascalientes e Tampico, lo porteranno a feste e ricevimenti, gli presenteranno donne bellissime e in cambio gli chiederanno «solo» di correre per esibizione lungo i duecento chilometri che i dilettanti percorreranno in gara, dietro di lui. Koblet dice che *oui*, va bene, anche se non sfiora la sella da un mese. Ma che sarà mai. La giornata, però, è torrida, e invece di un'esibizione diventa un supplizio tra rocce bollenti, salite e sterpi. Hugo non può lasciarsi umiliare e farsi raggiungere dagli sconosciuti messicani, così li anticipa di mezz'ora sputando l'anima. Peggio che in qualunque crono del Tour, peggio che se lo stessero rincorrendo Bartali e Bobet.

Da quel momento, è come se una piccola crepa cominciasse a scavare il corpo di Koblet. Hugo si accorge che qualcosa non va quando, in salita, fatica a respirare. Gli accade oltre i mille metri di altitudine, nei primi allenamenti di fine inverno. Tra i suoi fedelissimi c'è chi sussurra di un male misterioso, un morbo contratto in Messico, forse una malattia venerea come malignano alcuni avversari. I quali sanno che l'imbattibile Hugo comincia ad avere, lui pure, il suo tallone d'Achille.

Ma per i medici è tutto a posto. I polmoni e il cuore funzionano benissimo, anche se già nel 1952 i globuli rossi cominciano a essere meno del dovuto, e i reni danno qualche problema. Il Giro del 1953 è una pena, oltre che una beffa. Koblet sembra ritrovato, nella tappa di Bolzano raggiunge Coppi in discesa e poi lo lascia vincere. «Bravo, sei il migliore, a me la tappa e a te il Giro», gli dice Fausto. E questa è una promessa da mantenere. Non sarà così. Coppi attacca, Koblet va in apnea e piange: per il tradimento, e per la rottura dentro di sé. Il motore non è più quello di prima. Lo confermerà il Tour, dove Hugo quasi si ammazza in discesa, uscendo di strada per inseguire un fuggiasco e forse il passato. Di nuovo cadrà male in Francia, nel 1954, e andrà a zig zag in salita con i lumicini negli occhi, le lucciole della crisi più nera. «Forza, forza Hugo!» gli grida un amico cronista e lui risponde, dondolando: «Ma quale forza, se forza non c'è?»

Hugo Koblet è sempre più personaggio e sempre meno campione. Nell'inverno, sposa una splendida mannequin, Sonja Bühl, con nozze principesche alle quali si presenta in cilindro. Comincia a spendere denaro con la prodigalità di uno zar, e capisce che la sua storia di corridore è finita. Gli amici lo invitano a non sprecare tutti i soldi, ma un giorno lui risponde così al suo commissario tecnico Alex Burtin: «Ne approfitto, perché so che non invecchierò».

Con la moglie Sonja cominciano le liti, e Hugo cerca negli affari quello che non trova più in bicicletta. Gli offrono una rappresentanza commerciale di prodotti italiani in Sudamerica, luogo che continua a esercitare su di lui un fascino magnetico, nonostante la maledetta avventura messicana. Però le cose non funzionano proprio, non è quello il talento di Koblet. Torna in Svizzera e gestisce due stazioni di servizio dalle parti del velodromo di Oerlikon. Gli amici vanno a trovarlo perché sanno che è triste, gli ricordano quella volta della spugna e del pettine, e la bellezza di certe sue vittorie. «Mi è rimasto il pettine, ho perduto anche la spugna», risponde Hugo a un suo affezionato *suiveur*. Nel 1958 si è ritirato per sempre dalle corse, e ha appena trentatré anni.

Ormai sta per divorziare, ma ama Sonja pazzamente. Nel tardo pomeriggio del 2 novembre 1964, dopo avere tentato un riavvicinamento, prende la sua potente Alfa Romeo e scende dalla collinetta di Esslingen, infilando la strada per Mönchaltorf. Sbanda, e va a fracassarsi contro un albero. Muore quattro giorni dopo. Sull'asfalto, neppure il pallido segno di una frenata.

LOUISON BOBET, 18 LUGLIO 1955

«Sta' zitto e ascolta», dice Louison al fratello Jean, ciclista come lui ma non campione: la sua specialità è la letteratura inglese. È laureato alla Sorbona. Nella piccola stanza d'albergo, buia, Louison non riesce neppure a togliersi le scarpette da corridore e siede immobile sul letto. Non è mai stato così stanco in vita sua. Corroso, prosciugato. Oggi ha conosciuto un mostro, il Mont Ventoux, e l'ha ucciso. Ma i mostri, anche morendo, segnano per sempre chi li ha colpiti, basta un'unghiata con l'ultimo istinto prima di soccombere e quella ferita non andrà più via. L'anima dei ciclisti è piena di cicatrici invisibili.

Louison Bobet sente l'eco della folla che ritma il suo nome, laggiù in strada, e lo festeggia vincitore. Se solo sapessero, quei tifosi, che lui non riesce più a muovere neanche un muscolo, capirebbero che la gloria è un simulacro, un povero fantasma. A volte Louison pensa che tutto è così, difficile e sfuggente, sempre travestito da qualcos'altro, e non si dà pace. Jean ne soffre: «Il problema di mio fratello è la cerebralità», confessa a due giorni da una leggendaria Parigi-Roubaix, conquistata da Bobet tra pietre e polvere. «Oggi il pavé ha fracassato tutto di me, non il mio cervello», sarà la prima enigmatica dichiarazione del fuoriclasse vincitore.

Pochi ciclisti sono stati più amati di Louison. Perché era gentile, elegante, pacato. Parlava in modo forbito, e questo faceva sospettare che fosse un po' affettato, invece era il suo stile. In un'epoca di corridori pittoreschi e imbarazzati di fronte agli agguati della parola, prigionieri del «ciao mama» e della modestia delle loro storie, dove la miseria era quasi sempre l'unica porta spalancata sullo sport che poteva riscattarli, Bobet rappresentava l'eccezione. Anche se era figlio di un fornaio, e se arrivava dal paesino bretone di Saint-Méen-le-Grand, che di grande aveva solo un pezzo del nome. C'era proprio qualcosa di speciale in Louis: l'accrescitivo Louison gli venne per meriti sportivi, anche se nei giorni della prima grande sconfitta contro Bartali, al Tour del 1948, il bretone si mise addirittura a piangere e i maligni presero a chiamarlo Louisette, come se fosse una delicata e fragile fanciulla. Non sarebbe durata, la commedia, perché Bobet aveva classe e forza interiore, non solo muscoli da purosangue. Perciò vinse le grandi classiche, la Sanremo che spalanca la primavera, il Lombardia del feroce autunno, la Roubaix crudele, il Giro delle Fiandre che nessun francese aveva mai conquistato, e poi il mondiale del 1954 a Solingen, con la maglia iridata messa in palio da Coppi che se n'era appena svestito: un tracciato terribile, forse il più duro della storia, dove un Bobet ragazzino sgretolò gli avversari uno a uno (e si chiamavano Kübler, Van Steenbergen, Coppi, Anquetil). Restò solo con lo svizzero Schär, forò una gomma alla fine del penultimo giro, andò a prendersi una nuova bicicletta, cominciò l'inseguimento, raggiunse l'avversario e lo bruciò di slancio, cominciando a vincere con uno sguardo e poi, ma soltanto dopo, pedalando: lo sguardo di chi ti sorpassa e ti sta dicendo, muto, che sei finito.

Louisette visse lo spazio di una lacrima, poi decise che avrebbe per sempre nascosto ogni fragilità. A tutti, non a Jean. È curioso come certi fratelli di campioni crescano alla loro ombra come piante fedeli, compagni di strada e confidenti, deposito di segreti e silenzi che solo loro sanno interpretare. A volte accade che la vita se ne porti via qualcuno: Serse Coppi, Giulio Bartali, entrambi morti in strada e in bicicletta, oppure i fratelli di Bottecchia e Bettini, anche loro perduti in incidenti terribili, ed è così che il campione un giorno resta solo. Jean Bobet fu invece più fortunato del grande Louison: sarà lui a vederlo andare, quando il campione avrà compiuto cinquantotto anni da appena un giorno. Cancro al cervello.

Ascolta Jean, siediti qui, senti come grida la gente. Non scostare le tende, non accendere la luce. Si sta bene dentro questo buio, è morbido, si sta bene dentro il fresco di questa stanza. Non come l'inferno sulla strada bianca e senza un angolo d'ombra. Il Ventoux lo chiamano il Dio del male. Oppure il Colle delle tempeste, la Sentinella della Provenza, il Gigante, il Monte calvo. È dai tempi del Petrarca che questo controsenso della natura, un'escrescenza improvvisa dentro la tenerezza di un paesaggio tra più dolci al mondo, impaurisce il viandante. «Abbiamo trovato un vecchio pastore in una delle valli di montagna», scrive il poeta nel 1336, narrando l'ascesa compiuta insieme al fratello Gherardo per evocare la sofferenza della via crucis, «e il pastore ha cercato a lungo di dissuaderci da la salita, dicendo che una cinquantina d'anni prima aveva, nello stesso ardore che hanno i giovani, raggiunto la cima, ma aveva avuto per i suoi dolori nulla, tranne la fatica e il rimpianto, e vestiti e il corpo dilaniato dalle rocce e rovi. Nessuno, per quanto lui o i suoi compagni sapevano, aveva mai provato la salita, prima o dopo di lui.»

Dice un proverbio provenzale che non è necessario essere pazzi per salire sul Ventoux, ma bisogna esserlo per tornarci. I ciclisti non possono scegliere il loro viaggio, devono compierlo e basta. E quel giorno, il 18 luglio 1955, il quarantaduesimo Tour de France scollinerà oltre il Dio del male per arrivare da Marsiglia ad Avignone. È l'undicesima tappa: 198 chilometri con quell'epilogo di tormento. Louison Bobet ha già vinto due Tour e cerca il terzo consecutivo perché nessun francese c'è mai riuscito. Non è più un ragazzo ed è campione del mondo. Due anni prima, salendo sull'Izoard è stato addirittura applaudito da Fausto Coppi e dall'elegante signora che aveva accompagnato l'Airone a scattare fotografie, prendendo il sole mentre i ciclisti si arrampicavano. Niente Tour, per Coppi, nel 1953: ha preferito preparare il mondiale di Lugano per vincerlo, finalmente, e chiudere con la maledizione. Coppi e Bobet: oggi, una stele sull'Izoard porta i loro profili incisi nella pietra scura, unendo per sempre il fenomenale francese a colui che considerò il suo modello. «Fausto era il più grande di tutti noi.» E lo dirà anche nel giorno dei funerali di Coppi sul colle di San Biagio, Louison che visse la morte dell'amico come qualcosa di personale, quasi come una colpa. Perché doveva andarci lui, in Africa, per quella corsa assurda che gli aveva proposto Raphaël Géminiani Ma Louison non volle, così il suo posto venne preso da Fausto che andò, corse, si ammalò di malaria, tornò con il sangue capace di ingannare i medici e morì.

Un ciclista conosce le profondità della solitudine. Anche questa, strana e in apparenza gloriosa, perché Bobet ha appena vinto una tappa decisiva e il Tour è suo. La voce della folla picchia contro le pareti dell'albergo e in parte le attraversa, come se i muri fossero qualcosa di morbido e permeabile, una terra che lentamente assorbe i suoni come acqua.

«Zitto, Jean, stai qui con me.» Mentre Louison raccoglie le forze che non ha più, e si regala ancora qualche momento di silenzio, il suo collega Ferdi Kübler sta già spiegando in conferenza stampa perché quella sarà l'ultima corsa della sua vita. «Basta, il povero Ferdi si è suicidato sul Ventoux!» dirà di se stesso, ridendo per non piangere. Kübler è un campione, ha vinto il Tour del 1950 (quello abbandonato per protesta dagli italiani su ordine di Bartali, con lo sventurato Magni in maglia gialla) e nel 1951 il mondiale a Varese (lo svizzero correva verso il trionfo e si incitava da solo: «Alè Ferdi, alè Ferdi alè!»), non è certo un Signor nessuno umiliato dalla montagna. Eppure, sul Mont Ventoux è come uscito di senno. Gli avevano detto, prima di partire: «Attento, Ferdi, perché questo non è un colle come gli altri». E lui aveva risposto: «Anche Ferdi non è corridore come gli altri, Ferdi grande campione!» E poi s'era avventurato su quei quindici chilometri di chiarore irreale. Più tardi, dentro un pomeriggio folle, immagini e fotografie mostreranno Kübler con la bava alla bocca e le labbra spalancate per insultare – in tedesco – la montagna. Grida cose incomprensibili, senza senso ma non per lui. Si ferma in un bar di Le Pontet, scende di sella, si scola una birra e poi riprende la corsa in senso contrario. Uno spettatore prova a fermarlo, capisce che Kübler è sotto shock, lo svizzero si ribella urlando: «Lasciatemi stare, Ferdi è diventato matto!» Poi girerà la bici nel verso giusto, arriverà al traguardo dopo tre o quattro cadute, lo copriranno di cerotti e infine dirà con un filo di voce: «Ferdi troppo vecchio, sta male, Ferdi è morto e il Tour è finito». Il giorno dopo, ancora stravolto, Kübler abbandonerà veramente la corsa.

Visto da lontano, il Mont Ventoux sembra un colle gentile, spolverato di neve. Invece è il riverbero di sassi infuocati, forse un miraggio. La cima ha l'aspetto di un pandoro lievitato nella pianura, come un capriccio. Si sale sul serio dopo la cittadina di Bedoin; a metà luglio ci sono una quarantina di gradi, e proprio nulla di ventoso. E comunque il mistral non è mai un sollievo, è uno schiaffo in faccia agli sventurati che salgono. Alle pendici della montagna, resiste l'ombra effimera di una fitta foresta che andrà poi scomparendo come un malefizio, oltre qualche sbuffo di macchia mediterranea. La maledizione vera è negli ultimi cinque chilometri, attraverso un sassoso deserto di luna. Non c'è ossigeno oltre la linea delle ultime piante ormai lontane, puntini più in basso, alberi che si trovano solo in Groenlandia o allo Spitzberg. A volte, quassù soffia la vipera.

Il Ventoux è un sinistro luogo di morte, a dispetto della luce. O forse è proprio il chiarore abbacinante a far uscire di senno, più che se qui regnasse il buio. Qui, dove il 13 luglio 1967 soffocherà il corridore inglese Tommy Simpson, ucciso da un intruglio di chimica e fatica. Un colpo di calore, unito alle anfetamine di cui Simpson si serviva. L'immagine di lui riverso sulle pietre, mentre i medici tentano un impossibile massaggio cardiaco, fa parte della storia più tragica del ciclismo. Dodici anni prima, il grande Louison Bobet scala le ultime impennate del Ventoux, solo come non è mai stato. Vince in trance, pedalando gli ultimi metri ad Avignone per forza d'inerzia. Poi non ricorda niente. Lo portano quasi di peso in albergo, dove chiede solo buio e silenzio. Suo fratello Jean può restare con lui, e nessun altro. «Dopo il Ventoux, ero sicuro che non sarei mai riuscito a salire di nuovo in bicicletta.» Scrive «L'Équipe»: «Sul Mont Ventoux si abbandona il pianeta terra, per avvicinarsi ad astri sconosciuti». Ne sa qualcosa un altro corridore bretone, Malléjac, che sempre quel giorno – il 18 luglio 1955 – viene colto da irrefrenabili spasmi a dieci chilometri dalla vetta: lo caricano in ambulanza e lo ricoverano per una crisi di delirium tremens. Quel giorno, il medico del Tour – il dottor Dumas – ebbe paura per la prima volta di veder morire un corridore, cosa che purtroppo accadrà nel 1967. Persino il grande Merckx andrà in apnea sul Ventoux, nel 1970, e avrà bisogno dell'ossigeno per riprendersi. Armstrong, il più grande corridore dell'epoca moderna, padrone di sette Tour, non è mai riuscito a vincere sul Dio del male, anche se nel 2000 sarà proprio l'americano a lasciare il successo a Pantani come un'elemosina, e l'italiano non glielo perdonerà mai.

Per Bobet, la sera di Avignone resta la più intensa e profonda di tutta la carriera. Più di quelle di Roubaix e Solingen, perché lì mancava il dolore supplementare, anche se il fuoriclasse francese ne conoscerà tanto, negli anni. Andrà a sbattere in auto contro un muro, il 15 dicembre 1961, tornando da Bruxelles. In quel momento, Bobet è lo sportivo più amato di Francia, è un uomo ricco che possiede una villa a Fontenay-sous-Bois, uno chalet nel Giura e un aereo personale che pilota egli stesso, mentre l'auto dell'incidente la guida un amico. Louison Bobet è un campione elegante e sofisticato che frequenta il bel mondo, gioca a tennis con i miliardari e confessa, forse un po' recitando: «In questo momento della vita, la maggior preoccupazione è predicare la modestia ai miei figlioli Maryse e Philippe».

Dal punto di vista sportivo ha già avuto quasi tutto, tre Tour, le grandi classiche, la maglia iridata. Gli manca solo il Giro d'Italia, perso nel 1957 per appena diciannove secondi da Gastone Nencini. Due volte, il francese mancherà di pochissimo il secondo titolo mondiale, nel 1957 dietro Van Steenbergen e nel 1958 dietro Baldini. Nel ciclismo ha cominciato con l'ultimo Bartali, è riuscito a battere Coppi, ha battezzato l'epoca di Anquetil. È insomma un campione realizzato e completo. Solo un muro può fermarlo, a pochi giorni dal Natale 1961. Per Louison saranno quindici mesi di ospedale, gesso, bisturi e rieducazione. Rischia di restare zoppo, e guarisce quasi per miracolo grazie alle cure con l'acqua di mare. Si innamorerà di quelle terapie, Bobet, e deciderà di investirvi con successo molti denari a fine carriera. Perché la fine è già arrivata, come sempre senza annunciarsi: Louison non tornerà più a correre. Come quella sera ad Avignone, resterà ad ascoltare il silenzio.

FEDERICO MARTÍN BAHAMONTES, 10 LUGLIO 1959

Piovono petali bianchi dai balconi di Toledo, ma neppure oggi Federico sorride. Ci sono uomini che covano la loro ombra come un istinto, come una missione, e Federico Martín è tra questi. La gloria sportiva, effimera e magnifica, gli ha cambiato il nome, non il destino. Per celebrarne i voli, per descrivere con l'inchiostro quella forza che Federico faceva scaturire dal nulla, purché la strada cominciasse a salire, lo chiamarono «Bahamontes», che vuol dire Scavalcamontagne: un battesimo da capitano di ventura. Lui lo accolse con una smorfia, assiso sul trono della sua solitudine.

Federico era stato un bambino povero. Rubava la frutta al mercato di Toledo, la caricava sulla bicicletta – anche centocinquanta chili al giorno! – e la rivendeva. Così comprò una bici più leggera, ma solo per rubare meglio. Un giorno s'iscrisse a una corsa, perché si sentiva il fulmine nelle gambe e non era mai stanco. Aveva diciassette anni. Quando si presentò alla partenza, già lungo e secco come lo avrebbero conosciuto gli sportivi sulle strade del Tour, aveva compiuto il suo dovere quotidiano: sessanta chilometri in bicicletta per la faccenda della frutta. Si era tenuto in tasca un limone e una banana, ma aveva sempre fame, così mangiò tutto prima del via e del limone non lasciò neppure la buccia. Poi attaccò, perché non sapeva fare altro e mai avrebbe imparato. Vinse.

Presto scoprì che con le corse poteva guadagnare più che rubando, con minor rischio e fatica. Si mise in società con un amico, anche lui corridore, Manuel Lopez (specialista nello sprint mentre Federico era forte in salita), anche perché costui aveva un fratello capostazione e faceva usare il telegrafo ai due ragazzi in modo che ogni settimana sapessero dove si correva, e potessero così raggiungere la partenza, viaggiando di nascosto sui treni merci. La strana società dei ciclisti ferrovieri rendeva bene: Federico vinceva in montagna, Manuel in volata e si dividevano i premi. Era già un mestiere, anche se il professionismo per Federico Martín arrivò tardi, a ventisei anni: era stato difficile convincere i patron delle squadre, tutti temevano che quel fil di ferro di corridore non andasse avanti se solo la strada diventava piatta oppure, peggio, se piegava in discesa. Perché Federico aveva un assoluto, clamoroso e invincibile terrore delle picchiate. «Sei il peggior discesista di tutti i tempi», lo rimproveravano. «Se cammini soltanto all'insù, sei un *cabrón*!» E proprio come una grossa capra, Federico si arrampicava dove le pietre finiscono a strapiombo sul nulla, e nessuno riusciva a seguirlo. Però, il vuoto di quel nulla lo inghiottiva, paralizzandolo.

Al Tour del 1954, il suo primo, Bahamontes non ancora Scavalcamontagne arrivò ben lieto. «Ero felice ancor prima di partire: si correva con le squadre nazionali e mi regalarono una divisa e una valigia nuova. Mai avute.» Non avrebbe immaginato, partendo da Santo Domingo-

Caudilla di Toledo (il paese dov'era nato il 9 luglio 1928), di raggiungere la più grande corsa ciclistica del mondo. E mai avrebbe creduto di poter scalare in perfetta solitudine il Col de la Romeyere, staccando i campioni e sentendo l'aria calda sul viso che non s'imperlava mai di sudore, perché Federico aveva un corpo di lucertola e amava il solleone di luglio. I trentacinque gradi sulla Romeyere, con il riverbero della strada che buca gli occhi, erano per lui una specie di morbido tappeto sul quale distendersi. Saliva, Federico, e non faticava. Anche se poi sul volto aveva il perenne disegno di una smorfia tragica, il marchio di una solitudine troppo profonda per nascere tutta dai dolori della bicicletta. Quel suo modo d'essere s'era innervato altrove, da tempo immemorabile, forse era il dono cromosomico di una discendenza di melanconici o forse era solo indole, l'ombra di un momento cupo che durerà per sempre.

Federico Martín scalò, dunque, la sua montagna, tuttavia non la scavalcò. Nell'ascesa, si ruppe il raggio di una ruota e lui spinse più forte per arrivare prima in vetta, e dare tempo ai meccanici di intervenire. Narra la leggenda che nell'attesa, Federico, ormai in cima al monte, tra i tifosi che lo osservavano scendere di sella, lasciasse la bici e andasse a prendersi un gelato. Lo fece, infatti, e lo leccò tranquillamente, finché la sua ruota guasta non fu pronta per la discesa. Purtroppo, non era pronto lui e non lo sarebbe stato mai.

Sulla paura di Bahamontes sono stati scritti trattati. Era una specie di paralisi dei centri nervosi: Federico scollinava, e cominciava a tirare i freni come un forsennato, scendendo quasi alla stessa velocità con cui era salito. Gli avversari, ovviamente, lo raggiungevano e lo staccavano, e lui sempre lì, terrorizzato come un gatto quando vede l'acqua. A volte frenava anche con i piedi. Le curve non le tagliava, ma le accompagnava con la prudenza di un bambino che abbia appena imparato a pedalare. E rimaneva sempre alto con il tronco, in modo da opporre più resistenza all'aria. Tutto ciò che lo rallentava, lo attraeva. Più che un fifone, era un uomo immobile. Poi la strada ricominciava a salire e Federico tornava quieto, ritrovava la furia dell'attacco e se ne andava da solo, senza tattica, pensando al destino da capra che l'attendeva. Una volta in cima, solitario e spaventato dall'imminenza del vuoto, ricominciava la giostra della paura. Nei tapponi alpini o sui Pirenei, questa specie di comica andava avanti tutto il giorno.

Federico Martín Bahamontes era un uomo scontroso, lunatico, intriso d'ombra come una spugna. Parlava pochissimo, e svelava a malapena con uno sguardo il suo mondo interiore. Se ne indovinavano segni e richiami. In corsa non aveva strategia, se non quella di attaccare a ogni accenno di salita. È stato forse il più grande scalatore di tutti i tempi, insieme al lussemburghese Gaul, che era il suo rivale. Apparteneva alla razza degli arrampicatori spagnoli, gente magra e tragica, personaggi incapaci di sorridere ma solo di soffrire, seduti come fachiri su minuscoli telai di bicicletta; anche se Bahamontes non era piccolo come Vicente Trueba, la Pulce di Torrelavega, e neppure esile come Manuel Fuente el Loco, il Matto. Aveva, invece, la stessa tristezza di Luis Ocaña, il campione che fece soffrire

Merckx. Ma il povero Ocaña non ha conosciuto l'arzilla vecchiaia di Bahamontes, diventato con gli anni, da taciturno che era, il narratore di se stesso. Ocaña si uccise con un colpo di fucile nella tenuta di Caupenne d'Armagnac, dove produceva vino e coltivava ancora i suoi silenzi.

Tutto nervi, Federico Martín. Il suo unico modo di ragionare era non farlo. Un giorno, insultato da uno spettatore, scese dalla bici e lo rincorse per un'ora brandendo la pompa come un'alabarda. Un'altra volta, alla Vuelta, quando gli organizzatori riammisero sei corridori che lui aveva mandato fuori tempo massimo, per protesta se ne andò. Una notte, al Tour del 1963, una telefonata lo destò all'improvviso: era un corridore francese che gli proponeva di vendergli la corsa, e naturalmente Federico gli rispose malissimo. Era sincero, umorale, distante dalle regole e dalle consuetudini. Faceva come gli garbava, e spingeva sui pedali come il disperato che era stato.

Nel 1959 andò al Tour de France con addosso una maglia con scritto «Coppi», e sopra il nome del Campionissimo – sponsor e comandante – c'era una marca di brillantina da uomo, la Tricofilina. Si trattava dell'ultima scommessa di Fausto Coppi, anche se nessuno poteva saperlo. Il più grande corridore di tutti i tempi, infatti, sarebbe andato a morire pochi mesi dopo, ma intanto provava a convincere Federico Bahamontes che le corse raramente finiscono in cima alle montagne e bisogna invece viverle, soffrirle e accettarle fino in fondo, compreso il fondo dei burroni. Favoriti di quel Tour erano Bobet, Anquetil, Rivière, Gaul, non certo Bahamontes. Per la prima volta, venne usato l'elicottero come «ponte» per le riprese televisive. E si stava per correre la quindicesima tappa, cronoscalata del Puy-de-Dôme, dodici chilometri e mezzo di pura arrampicata, senza discesa! Un delirio di gioia per il corridore più pavido del gruppo, il migliore quando la strada s'impenna.

Federico comincia la mattina con due caffè, lui che non ne beveva mai. E le sorsate gli procurano una scossa inaudita, una scarica di nervi che asseconda l'agile potenza dei muscoli. Le immagini d'epoca, seppiate in un morbido bianco e nero, mostrano Bahamontes che scala il Puy-de-Dôme con il suo inconfondibile stile, lui quasi eretto sulla bici, le spalle in alto e dondolanti al ritmo dei pedali. E tra le spalle, una capoccia piena di onde nere. È un ballo muto, quello di Bahamontes, gambe magre e numero 81 sulla schiena. A un certo punto, raggiunge e supera Rivière, che neppure si volta a guardarlo. Ne sente il fruscio, quel lieve sospiro d'aria che è uno schiaffo per il ciclista umiliato dal sorpasso. «A metà corsa, non mi ero ancora reso conto di andare così forte, più forte di tutti», racconterà Bahamontes a quelli che si recano in pellegrinaggio nel suo negozio di biciclette, nel centro di Toledo, dove per anni va in scena l'epico racconto di antiche gesta, narrate con gioia paziente dal protagonista. Non capiva nulla, Federico, e saliva come un ossesso: colpa, o merito, non solo dei caffè. Era il 10 luglio del 1959, e davvero fu un'impresa memorabile. In 12.500 metri di salita, Federico Martín rifilò un minuto e ventisei secondi a un meraviglioso scalatore come Charly Gaul. E insieme a lui, due giorni più tardi, si lancerà nella cavalcata da Saint-Étienne a Grenoble, la tappa che consegna a Bahamontes il Tour del France, primo spagnolo della storia: una lunga, inesorabile fuga del piccolo Charly e dello smilzo Federico, attraverso scalate impervie e strade scavate nella roccia. Di nuovo, come cinque anni prima, c'era da salire sulla Romeyere, ma questa volta, in cima, Bahamontes non mangiò un gelato. Si fece invece coraggio, convinto anche dalle parole di Coppi, e non perse la ruota di Gaul in discesa (anche il lussemburghese preferiva le montagne nel senso dell'ascesa), e sul terreno della passata mortificazione costruì pezzo per pezzo il nuovo edificio, stavolta stabile e indistruttibile. Al traguardo nel velodromo di Grenoble fu Gaul a vincere, però la maglia gialla finì sulle spalle magre di Bahamontes che non la lasciò più, neppure dopo la cronometro di Digione, vinta dallo specialista Rivière. Quella fu davvero un'edizione speciale del Tour, con tutti i migliori (Anglade secondo, Anquetil terzo, Rivière quarto) stretti in classifica in poco più di cinque minuti. Da quel giorno, Federico Martín Scavalcamontagne diventò per tutti l'Aquila di Toledo. Un'aquila capace di arrivare altre due volte secondo al Tour de France, nel 1963 e nel 1964, ma non di vincerlo nuovamente, anche se conquistò sei volte la classifica degli scalatori. E neppure riuscì mai a prendersi il Giro d'Italia, o una grande classica. Dava il meglio alla fine dei monti, dove la strada non conosce precipizi, e trionfò infatti nelle più importanti cronoscalate dell'epoca come Mont Faron, Montecarlo, Mont Angel, Montjuïc, Arrate. Fu anche campione di Spagna per due volte, lui spagnolo nel midollo, simbolo di una genia di arrampicatori che non ha smesso di produrre strane creature filiformi, eteree nel volo disperato e glorioso. Lo stesso volo dei petali di rosa che accolgono Federico Martín Bahamontes dai balconi di Toledo, quando torna dal Tour 1959 e percorre le vie della città su un'auto scoperta, come spetta agli eroi e ai sovrani.

Ma Federico sapeva che ogni strada ha la sua sofferenza, e quella del corridore finisce presto. Lo capì senza ombra di dubbio al Tour del 1965, quando era ancora uno dei migliori e i giovani ne temevano gli estri pazzi. Quella volta, salendo sul Puy-de-Dôme che già lo vide grandissimo, Bahamontes venne staccato da corridori che non erano neanche campioni. Mai successo, e volle che non succedesse più. Scese dalla bici all'ombra di una quercia, e la sera disse addio al ciclismo tornando in treno a Toledo, solo, come era sempre stato.

GASTONE NENCINI, 10 LUGLIO 1960

Lo chiamano Mistero perché parla poco. «Ma quando parla, è definitivo», dice di lui il figlio. «Pare un eroe western: non spiega, fa.» Gastone Nencini ci guarda da remote fotografie senza sorriso, con un volto scolpito nel legno.

Domenica 10 luglio 1960: è l'anno delle Olimpiadi di Roma e della morte di Coppi. Gli azzurri in bici hanno vinto un bel po' di medaglie d'oro, e questo assopisce il dolore del lutto mai elaborato, una perdita inconcepibile. Fausto come campione era finito, però tutta la luce del ciclismo si sprigionava ancora da lui. Il suo erede designato, il ragazzo Romeo Venturelli, ha già cominciato a smarrirsi. Ci sarebbe a portata di sogno questo toscano di Bilancino, frazione di Barberino del Mugello, ha trent'anni (che non sono pochi per chi sgobba sui pedali) e nel 1957 ha vinto il Giro d'Italia. Nencini è il pupillo di Bartali, non solo per ragioni di campanile. Lo è da quando Coppi e Magni scipparono la maglia rosa a Gastone nel 1955, approfittando di una foratura. Succede sulla strada che da Colle Sant'Eusebio, nel Bresciano, porta a Tione. Sassi, buche, insidie che Nencini non può evitare e che lo mettono con lo scarpino a terra. A quel tempo non esiste il cambio ruote, bisogna aspettare l'ammiraglia (nel suo caso, l'auto con le insegne del dentifricio Chlorodont) e c'è questa figura affranta, fasciata di rosa, con una bici in mano e lo sguardo di chi ha già capito. I due vecchi marpioni, Fausto e Fiorenzo, una decina d'anni più di lui, non si fanno scrupoli e vanno a prendersi la tappa (Coppi) e il Giro d'Italia (Magni).

Perché il destino di Gastone Nencini è un gomitolo che si attorciglia attorno alle vite degli altri, alle loro vicende più estreme. Perde quella grande corsa per colpa di un buco nel tubolare, e quella stessa grande corsa la vincerà due anni dopo perché il rivale Charly Gaul, lussemburghese che scala le montagne come un camoscio, si ferma a orinare e viene attaccato dai corridori francesi che lo odiano. Quella volta, Gastone è più lesto e s'accoda. La beffa di due anni prima gli ha insegnato che pietà l'è morta, e che sui treni della vittoria si deve saltare al volo, pazienza per chi resta a terra. Lo sconfitto di oggi è lo scaltro di domani, e chi non impara è un fesso.

«Mistero vince il più bel Giro del secolo», enfatizza la «Gazzetta dello Sport». Il grande Louison Bobet è battuto di appena diciannove secondi. Quando torna a casa, diventato ormai il Leone del Mugello, perché lui in sella non fa calcoli ma combatte, i suoi tifosi lo aspettano in strada con le damigiane di vino. Non ha vinto un uomo, ha vinto un carattere. Gastone non pedala e basta, Gastone lotta e regola conti. Sa essere capitano perché è stato gregario. È passista, è scalatore, soprattutto è discesista matto e non conosce la paura. Ogni curva a filo di precipizio è uno sberleffo alla morte.

Per entrare nella leggenda, non servono tante vittorie,

ma grandi vittorie. Bisogna scolpire la fantasia popolare. Gli eroi del riscatto, soli contro tutti, i passionali, i disperati dell'ultimo assalto: questo piace alla gente che li aspetta lungo la strada. Il pubblico non è salito in cima alla montagna per applaudire i ragionieri, qui ci vogliono lacrime e sangue. Negli anni della dolce vita, non guasta un tocco di follia: fuori dalle regole è più divertente, anche nel terribile ciclismo, dove non sei nessuno senza le regole. «Le signorine devono proprio venire qui a importunare i corridori?» chiedeva Gino Bartali a un gruppo di tifose un po' troppo appassionate, alla partenza di una tappa del Giro. Lui era il pupillo dell'Azione cattolica, ne portava il distintivo all'occhiello. Invece Coppi aveva lasciato la famiglia per un'altra donna, una rovina, ma questo alone un po' maledetto lo aveva reso più affascinante, più trasgressivo. A Gastone Nencini, l'Italiano tenebroso, come lo chiamano i cinegiornali francesi, bastano la passione per il cibo e le sigarette. Non proprio cose da atleta, però a lui non importa nulla. Prima della tappa del Tour che deciderà la sua vita, si abbandona a una mangiata senza senso. Lo rivelerà il dottor Peracino, medico di Nencini alla Carpano ma anche della nazionale italiana al Tour, perché allora in Francia si andava con la squadra tricolore come se fosse un mondiale. Dunque, la sera prima della Millau-Avignone, Nencini si scatena con pollo, bistecca e Chianti. «Bacco, tabacco e Venere, il mi' babbo era fatto così», racconta Saul Nencini, il figlio, in un'intervista televisiva. Saul fa il meccanico, ha provato anche lui a correre, senza successo, sarebbe troppo facile se tutte le storie passassero di mano dai padri ai figli.

Il Giro del 1960 lo ha vinto Anquetil, francese di immensa classe che però non partecipa alla Grande Boucle. Non ci sono neppure Gaul e Bahamontes, quindi mancano i padroni delle ultime tre annate. Anche se sconfitto al Giro, Gastone parte per la Francia convinto di potersi giocare la corsa nonostante il nuovo asso di Francia, forse il cronoman più forte che si sia mai visto: il giovane Roger Rivière, che ha solo ventiquattro anni, ma a ventuno ha strappato il record dell'ora a Baldini, che a sua volta lo aveva tolto ad Anquetil. Accadde al Vigorelli, dove un elegantissimo Fausto Coppi applaude questo nuovo fenomeno delle piste. È il 18 settembre 1957. Rivière migliorerà il record dell'ora anche il 23 settembre 1958. Malgrado una foratura a poco più di dieci minuti dalla fine, che gli fa perdere almeno una ventina di secondi, diventa il primo al mondo a superare la media dei quarantasette orari. Un fenomeno assoluto, campione iridato dell'inseguimento per tre volte consecutive, dal 1957 al 1959. E va talmente forte ovunque da poter vincere anche una grande corsa a tappe: questo è il pronostico generale alla vigilia del Tour 1960, ventuno tappe, 4173 chilometri. Nessun dubbio tra gli esperti: la maglia gialla se la giocheranno il ragazzo che ipnotizza il tempo e l'italiano chiamato Mistero.

Avere un doppio se stesso, una specie di ombra sulla strada, un alter ego in sella è il destino di molti ciclisti. Gastone e Roger sono uniti dalla medesima sorte, pedalano accanto a grandezza e dramma, gloria e tragedia. Roger Rivière, una meraviglia da guardare per lo stile impeccabile che sprigiona potenza senza mostrare lo sforzo, vince subito la prima crono del Tour che ha scantonato in Belgio, a Bruxelles. Il recordman dell'ora stacca Nencini

Maurice Garin (1871-1957)

Luigi Ganna (1883-1957)

Giovanni Gerbi (1885-1955)

Costante Girardengo (1893-1978)

Ottavio Bottecchia (1894-1927)

Learco Guerra (1902-1963)

Alfredo Binda (1902-1986)

Gino Bartali (1914-2000)

Fausto Coppi (1919-1960)

Fiorenzo Magni (1920)

Rik Van Steenbergen (1924-2003)

Hugo Koblet (1925-1964)

Louison Bobet (1925-1983)

Federico Bahamontes (1928)

Gastone Nencini (1930-1980)

Charly Gaul (1932-2005)

Ercole Baldini (1933)

Rik Van Looy (1933)

Jacques Anquetil (1934-1987)

Felice Gimondi (1942)

Eddy Merckx (1945)

Francesco Moser (1951)

Roger De Vlaeminck (1947)

Bernard Hinault (1954)

Giuseppe Saronni (1957)

Miguel Indurain (1964)

Gianni Bugno (1964)

Lance Armstrong (1971)

Paolo Bettini (1974)

Marco Pantani (1970-2004)

di trentadue secondi in ventisette chilometri, ed è soltanto un assaggio di quello che accadrà poi. La maglia gialla se la passano il francese Anglade e il belga Adriaenssens, finché, nella tappa di Pau, il favorito Rivière non decide di attaccare, mettendo in crisi la stessa nazionale di Francia e soprattutto il compagno di squadra, Anglade. È scatenato, Roger, e conquista anche la tappa in volata, sulla pista di Lorient. Però Nencini, che è stato lestissimo nel rispondere all'assalto, riesce a indossare la maglia gialla. Ormai è chiaro che le previsioni verranno rispettate: il Tour sarà di Nencini o di Rivière.

L'italiano non ha del tutto smaltito la mangiata della sera precedente, però si vergogna di ammetterlo di fronte al medico della nazionale e al commissario tecnico Alfredo Binda, una leggenda anche come stratega. E allora, si narra che Gastone vada a chiedere un digestivo ai medici del Tour, ma gli avversari francesi se ne accorgono, e decidono che è il giorno giusto per attaccarlo. Rivière specialmente. «L'italiano è imbattibile in discesa? Vedremo.»

Il mattino del 10 luglio 1960 è ancora incerto, il sole non ha deciso se uscire, ma i corridori sono ottimisti: avvicinandosi al Rodano e al mare, troveranno finalmente un po' di tempo buono. I giorni passati sono stati fradici di pioggia, però all'ora della partenza nel cielo si spalancano squarci luminosi tra i costoni del Causse Noir e del Causse du Larzac. Ora il plotone, come ancora lo chiamano i narratori della bicicletta, è sulla piazza di Millau dove gli occhi cercano altri occhi, per cogliere segnali e leggere il futuro dei prossimi chilometri. Sta davvero male, Nencini? Non è facile capirlo, taciturno lo è sempre, e indecifrabile.

Si tratta solo di indovinare dove attaccheranno i francesi, anche se la tappa non propone un tracciato memorabile, anzi sembra solo un trasferimento verso la città dei papi. Ben altre occasioni verranno, sulle Alpi, per gli eventuali assalitori, anche se a Rivière resterà comunque la crono di Besançon, il terzultimo giorno: ottantatré chilometri che sembrano fatti apposta per lui.

La brezza di montagna pizzica i corridori mentre salgono su una gobba che non è nulla di speciale e si chiama Col de Perjuret, 1028 metri mai sfiorati dall'epopea del Tour, abituato a ben altri luoghi che si chiamano, semmai, Izoard, Galibier, Iséran, Tourmalet. Gli italiani rimangono sulle ruote dei francesi e rispondono a ogni loro minimo sussulto: Bruni e Pambianco non si lasciano sfuggire nessuno. Il Perjuret sale senza scosse, la pendenza è modesta, il paesaggio non ha niente di epico: i soliti cespugli, le solite rocce. Tutto ordinario, compreso il nome del corridore che decide di scattare: si chiama Graczyk e pare il verso del corvo, pel di carota Graczyk, piumino di cipria Graczyk, grac grac, altro che aquila delle montagne. L'azzurro Imerio Massignan (è mai esistito un nome più da ciclista di questo?) scalatore scaltro, s'incolla al tubolare del gracchiante e rimane in quella scia poco meno che distratto. Piumino di cipria scollina con quarantacinque secondi di vantaggio sullo spagnolo Karmany, sugli italiani Nencini e Battistini, altro uomo di classifica, e naturalmente su Rivière che non molla di un metro.

Poi comincia la discesa. Ed è qui che tutto cambia. Perché la strada è stretta, si arrotola, piega alla cieca tra speroni di roccia e dirupi. È intagliata da crepe e scanalature, e le spallette di protezione sono per lo più mancanti. C'è il vuoto oltre ogni curva. Al chilometro cinquantasette, Nencini è già preso dal suo tuffo senza respiro, ma Rivière ha deciso di inseguirlo nella picchiata. C'è una curva a esse, con il primo tornantino che nasconde alla vista il secondo. A un certo punto l'italiano non sente più, alle sue spalle, il lamento dei freni del rivale. Si volta e non lo vede: è scomparso. Gastone capisce che Roger dev'essere caduto, sprofondato in quell'abisso scuro. Chi invece ha visto l'incidente è Louis Rostollan, gregario di Rivière, che sta più indietro nella scia. Vede il pedale del suo capitano urtare contro un muretto basso, mentre Rivière ha già perso il controllo della bicicletta come se neppure avesse frenato. Roger vola, proiettato nel vuoto, con i piedi legati ai pedali, dopo il vano tentativo di controllare la sbandata.

Il precipizio è profondo una ventina di metri, non è facile per i primi soccorritori trovare il corpo del ciclista. Alla fine, lo vedono rannicchiato sopra un tappeto di foglie e rovi, accartocciato, con gli occhi socchiusi e un debolissimo lamento tra le labbra, come se l'aria gli stesse fuggendo. Sembra un uccellino appena freddato. Respira ancora, ma è immobile. Lo sollevano piano, lo adagiano su una barella. Roger pare un Cristo deposto. Poi arriva l'elicottero che lo trasporta all'ospedale di Montpellier, dove gli viene scoperta la frattura di una vertebra ma non di una seconda, quella che – non curata – renderà Rivière invalido all'ottanta per cento. Da quel giorno non correrà più in bicicletta. Morirà a quarant'anni, ucciso da un cancro alla laringe, dopo avere aperto un ristorante, chiamato Vigorelli in memoria del velodromo milanese tanto amato, un garage a Saint-Étienne e un campeggio. Per resistere al dolore farà uso di droghe, e vedrà volare via la sua vita come nel fondo di quel precipizio.

Gastone Nencini comincerà a vincere il Tour proprio nel giorno della fine di Roger. A Parigi, porterà il mazzo di gladioli del vincitore all'amico, in ospedale. Gli sentirà raccontare che forse la disgrazia è accaduta perché, il giorno prima, erano state cambiate le ruote della bicicletta e forse sui cerchioni era rimasto un po' di grasso: ecco perché i freni non hanno risposto. Ma Gastone dovrà ascoltare altre versioni, più impietose, come quella che vuole Rivière vittima di un analgesico dopante, il Palfium, che era solito ingerire nei giorni più impegnativi, per non sentire troppo la fatica: la sostanza vietata avrebbe tolto sensibilità alle dita nelle frenate. Tutto questo renderà più amaro persino il ricordo dell'incontro con il generale De Gaulle, che volle conoscere Nencini e si complimentò con lui a bordo strada, a Colombey-les-Deux-Églises, dopo che il nostro campione si era presentato così: «Gastone Nencini, fiorentino».

Ma quel 10 luglio, in qualche modo, è come se anche la grande storia del corridore chiamato Mistero si fosse interrotta. Non vincerà più una corsa a tappe. E alla fine della carriera, una fine rapida, come brevissima era stata la stagione della gloria più lucente, i suoi successi saranno appena ventiquattro. Alcuni, però, meravigliosi, come da ragazzo sognava, mentre cavava sabbia dal fiume Sieve per comprarsi la prima bicicletta. A cinquant'anni anche Gastone, come Roger, morirà di cancro. Chissà se in fondo al precipizio c'è la luce.

CHARLY GAUL, 8 GIUGNO 1956

Il bianco della neve dentro il bianco della nebbia, e in quel chiarore un omino in bicicletta.

Il ciclismo è uno sport di memoria e dolore: i fantasmi aspettano i corridori lungo la strada. Lo spettro di Charly Gaul rappresenta da mezzo secolo un assoluto di epica resistenza a dolore e solitudine. L'eroe feroce nella sua fragilità, capace nel giorno terribile di spingersi al di là di ogni limite. Qualcosa di mai visto prima, se non ai tempi dei pionieri, quando però mancavano le immagini e ci si doveva fidare dei racconti. Ma l'8 giugno 1956 c'è già la televisione, ci sono i cineoperatori che si sporgono dai finestrini delle auto come drappi al vento. Si può vedere, guardare: uno spettacolo perverso.

Non piove ancora, alla partenza da Merano, ma il cielo è nero. Fanno da contrasto i vestiti chiari di Fausto Coppi, che saluta i colleghi: è caduto nella tappa di Rimini e ha preso un brutto colpo alla schiena, nulla di rotto – per una volta – ma dovrà portare un corsetto per qualche settimana. Si vede il gonfiore della strana armatura, sotto la camicia del Campionissimo. Ragazze in abito corto domandano autografi. I corridori vestono come sempre, calzoncini e maglietta, nessuno è attrezzato per quel cielo scuro. E anche volendo, non si potrebbe andare oltre una mantellina sulla schiena.

Fin qui non è stato un brutto Giro d'Italia, ma nemmeno memorabilc. L'epoca di Coppi e Bartali è quasi finita, Ginettaccio smetterà l'anno dopo, i tifosi cominciano ad avere nostalgia di certi duelli, ma si sa che il tempo invecchia in fretta. Ci sarebbe Magni, il terzo leone, un generoso (anche lui sta per dire addio alla bici), però in questo Giro è caduto nella tappa di Grosseto e s'è lussato una spalla. I fotografi lo hanno immortalato così: lui che scala il San Luca, stringendo tra i denti una camera d'aria legata al manubrio, per forzare meglio in salita e aiutare – a morsi! – la spalla dolente. È il gramo mestiere della bici. Anche per i campioni. Anche all'inizio di un tramonto.

Servirebbe la scossa, qualcosa che ipnotizzi di nuovo la gente sulla strada e incolli gli occhi ai primi teleschermi, dove nelle sale dei bar galleggiano oltre il vetro i ciclisti e i calciatori, i concorrenti dei telequiz e i cantanti di Sanremo, dentro una nebbia azzurrina. Il patron della corsa, Vincenzo Torriani, sa bene che l'epica è l'estetica del ciclismo: la cerca inventando percorsi insoliti, trovando scalate mai viste (ad esempio lo Stelvio), inseguendo quel che resta delle strade bianche, i malefici sterrati dove le ruote raspano come quelle dei corridori antichi. E il mattino di giugno promette bene, sembra di essere in pieno inverno; del resto, in quel 1956 da tregenda è come se l'inverno non fosse mai finito. Nevicate leggendarie, freddo sempre, il peso delle nuvole per settimane, per mesi, e ancora dura. La stazione meteo di Karlsruhe, in Germania, la celebre Wetterzentrale, nel mattino dell'8 giugno segnala la formazione di un anomalo «polo freddo» sulla Liguria: a cinquemila metri di altezza, la temperatura è di meno ventisette gradi. E il gelo ad alta quota si sta rapidamente spostando verso est. Gli organizzatori del Giro lo sanno, tuttavia nessuno può immaginare cosa stia per accadere. Anche perché a Merano non piove nemmeno. Solo, ogni tanto arrivano sberle d'aria in faccia, e il cielo pare abbassarsi ancora, piegandosi sulle persone come una bottiglia in attesa di rovesciare inchiostro.

Tra gli occhi che guardano in alto, ci sono quelli di Charly Gaul. Come molti suoi colleghi, forzati della sella, è un personaggio di poche parole. Ruvido, introverso, pur essendo una pulce d'uomo. Charly è duro come se fosse un gigante, gli piace comandare, detesta il sole e adora le tempeste. Più fa freddo, più è contento. E non c'è mai verso di capirlo, neppure i suoi gregari ci riescono.

Tutti sanno che nessuno va più forte di lui in salita. Solo lo spagnolo Bahamontes può reggere il confronto, ma Gaul, che arriva dal Lussemburgo (anche questa una specie di bizzarria geografica), ha la vocazione di soffrire nella tormenta. Ci sono giorni in cui sembra cercarsi il dolore, scovandolo dentro le pieghe più aspre della strada. Forse perché i luoghi e i momenti estremi gli permettono di essere davvero solo, la condizione che più ama.

Agli altri corridori Charly Gaul non piace. Forse perché lo vedono così fragile, e pauroso in discesa. Non pare uno di loro, è un alieno atterrato da un altro mondo. Alcuni non sanno neppure dove sia, il Lussemburgo. Forse è davvero un pianeta remoto in cui crescono solo uomini lillipuziani, pieni però di una maledetta energia. Charly

Gaul è tutto nervi elettrici: dicono che in bici spinga rapporti da maestrina, mulinando velocissimamente le gambette da rana. È l'epoca in cui davvero le maestre, e non solo, vanno a lavorare in bicicletta, si può dire che mezza Italia lo faccia, e il «rapportino» è quello giusto per fare meno fatica. Si pedala, si pedala e sembra di non andare avanti. Anche Charly Gaul fa così: mille giri di gambe per restare quasi nello stesso posto, invece sono centimetri e poi metri rubati alla montagna a poco a poco, e gli altri dietro. Gli avversari s'inchiodano spingendo padelloni, i rapporti per chi ha gambe come prosciutti e polmoni come mantici. Però, arriva il momento in cui la strada si nega, e il tornante diventa una specie di serratura da forzare, avvolgendosi come un cappio al collo. Da lì in poi, salgono solo le pulci o gli stambecchi.

La ventesima tappa del Giro d'Italia 1956 è lunga, 242 chilometri tempestati di montagne. Bisogna arrivare fino a Trento, e da lì scalare il monte Bondone: 17 chilometri e 600 metri di lunghezza, 1375 metri di dislivello, trentotto tornanti e una pendenza media del 7,8 per cento. In condizioni normali si può fare, anche se mettere il Bondone alla fine di una maratona del genere è comunque una scelta sadica. Arrivare quassù, sarebbe una pena in ogni caso, anche se splendesse il sole. Invece sta cominciando a piovere, e luccicano solo le cromature delle biciclette.

Scende tanta acqua, e poi neve. In Valsugana le strade sono già un pantano, il gruppo procede ai dieci all'ora. A Torriani viene inviato l'aggiornamento delle previsioni meteorologiche, e qualcuno gli consiglia di chiudere la tappa a Trento, evitando l'ultimo monte. Ma il patron prende tempo, da vera volpe ha già annusato l'aria e ha capito che il giorno potrà essere indimenticabile. Tremendo, ma indimenticabile. Crudele, ma indimenticabile. E allora ripete vediamo, aspettiamo, magari la neve smette (però non ci pensa neppure, di sperarlo).

Alla partenza di Merano, la maglia rosa è sulle spalle di Pasqualino Fornara, un timido piemontese che va forte a cronometro e si difende in salita. Il più grande tra i grimpeur, cioè l'omino del Lussemburgo, è solo ventiquattresimo con un ritardo di sedici minuti. Anche il suo direttore sportivo, il mitico Learco Guerra, sa che non c'è più nulla da fare. Ben che vada, Gaul potrà vincere la tappa del Bondone. Ed è quello il programma, mentre Charly fissa il cielo e fa il tifo per le nuvole.

La perfidia degli organizzatori ha previsto, ben prima del Bondone, i passi Costalunga, Rolle e Brocon. Per fare l'impresa, bisogna partire da lontano e dimenticarsi degli altri, anche se il nemico di Charly non è mai la salita, è la discesa: lui, così leggero, non riesce proprio a lanciarsi, non prende velocità e ondeggia nel vento a ogni curva. Traballa, sbanda, frena e gli avversari lo raggiungono. La sua corsa ideale è quella che si conclude in cima al monte, dove Gaul sa posarsi con estrema leggerezza, come se invece di salire scendesse. Se bisogna tuffarsi in picchiata, è tutta un'altra storia e la tappa del Bondone lo conferma.

L'omino del Lussemburgo attacca già sul Costalunga, seguito dall'ombra Bahamontes e dal francese Dotto. In cima al colle è solo, però in discesa i suoi freni s'imballano e, arrivato a valle, si ritrova staccato di oltre un minuto. Stessa musica sul Rolle: Gaul solo, macinando i pedali in un vortice, poi in discesa fora due volte, deve arrangiarsi per riparare le gomme, perde un'infinità di tempo e in pianura ha sei minuti di ritardo da Bruno Monti, il quale nel frattempo è fuggito.

Dunque si ricomincia. Charly sale come un matto sul Brocon, raggiunge tutti gli altri e li stacca, superandoli senza neppure guardarli. Il frullatore delle gambe è implacabile, mentre il gelo si fa sempre più compatto. Ormai è chiaro che raggiungere il Bondone nella tormenta sarà un esercizio da fachiri, un mezzo suicidio. Perché i corridori sono vestiti come per una tappa afosa del Tour, non per affrontare un abisso d'inverno in pieno giugno, uno spaccato d'inferno fuori stagione.

In cima al passo Brocon, sulla strada sterrata, l'omino ha di nuovo un minuto abbondante di vantaggio. Ma la discesa, stavolta, è anche peggiore delle altre. Freni e tamburi sono quasi inservibili, il vento sballotta la bici come se fosse di carta e Gaul deve frenare usando anche i piedi. Uno strazio. Infatti, gli altri lo passano ancora. A sessanta chilometri dal traguardo si ritrova indietro, a due minuti e mezzo da Padovan e a un minuto da Monti e Defilippis, il *cit* prediletto da Coppi che è quarto in classifica. Il tempo peggiora ancora. Forse, pensa Charly, è questo il mio vantaggio.

E qui comincia il giorno più tremendo nella storia del ciclismo moderno. Ogni corridore diventa un naufrago. La deriva degli avversari è lo specchio della salita di Charly Gaul, che raggiunge presto i fuggitivi e li vede perdersi, dietro, scomparendo nel bianco. L'omino sale, e quasi tutti si arrendono. Defilippis sviene, lo raccolgono che sembra morto e si risveglierà solo in albergo, senza ricordare molto. Si vedono ciclisti distesi sui cofani bollenti delle auto, per riscaldarsi. Non è una corsa, è un'esecuzione capitale. Si ritira la maglia rosa Fornara. Si ritirano Astrua (sesto), Buratti (ottavo), Boni (nono), Nencini (decimo), gente che pure è avvezza agli sforzi più disumani. Ma il Bondone, oggi, è troppo anche per loro. Non lo è per Gaul, che continua a salire tra i fiocchi gelati. A un certo punto, non è il freddo ma la fame a morderlo, sente l'energia evaporare di colpo finché uno spettatore non gli passa una banana: senza quel gesto, probabilmente anche Charly si arrenderebbe. Invece la nuova benzina gli galvanizza il motore, e il supplizio può continuare.

Il bianco della neve dentro il bianco della nebbia, e in mezzo lui, solo al traguardo, il capo piegato, una mano che si stacca dal manubrio per salutare, neppure Charly capisce che è finita. Passato il traguardo, due gendarmi lo sollevano perché non riesce a scendere dalla bici e lo portano in albergo, dove Guerra gli mette i piedi dentro un mastello d'acqua calda. Ci sono quatto gradi sotto zero, la maglia ghiacciata non si stacca dalla pelle, ormai è un involucro pietrificato, la mascella non si apre. L'omino ci mette mezz'ora per riprendersi e per chiedere: «Dove sono?» Ma gli altri ciclisti lo sanno anche meno di lui. Degli ottantasette partiti da Merano, ne arrivano quarantaquattro, e nessuno davvero padrone di sé. Alcuni, tramanda la leggenda, si sono fatti portare in camion oppure in auto ai piedi del Bondone, chi controlla cosa succede dentro la tormenta? E tutti si lasciano spingere dai tifosi. L'inferno non ha regole, se non quella di soffrire.

Charly vincerà il Giro, naturalmente. E poi un altro, nel 1959, umiliando il grande Anquetil con la solita impresa sui monti. E un Tour nel 1958, salendo come nessuno mai. Tutto in quattro anni, riuscendo pure a perdere un Giro d'Italia nel 1957, beffardamente, di nuovo nella tappa del Bondone, un anno dopo il pomeriggio di ghiaccio: lo perde perché si ferma a fare pipì e gli altri lo attaccano, i francesi specialmente (Charly aveva dileggiato Bobet con un gesto irragionevole). Nencini ne approfitta, e si prende la corsa.

Vincere nel gelo e nell'epica, perdere per una pisciata e dentro una comica. Il destino ama scherzare e non ha pietà. Dopo il ciclismo, Charly Gaul si ritirò in silenzio, provò a gestire una birreria, venne intrappolato dall'alcol, ne uscì, gli diedero un posto al museo dello sport del Lussemburgo, morì per un'embolia polmonare a settantatré anni dopo una banalissima caduta in casa. Sempre solo, sempre più remoto come nel giorno bianco.

ERCOLE BALDINI, 4 NOVEMBRE 1957

«Vai piano, Ercole, vai piano che è lunga.» Fausto Coppi ha una voce che pare un soffio di vento. Ercole Baldini la ascolta, e non lo vede. Quel sospiro ce l'ha alle spalle, il Campionissimo gli sta morendo nella scia, faticando come una bestia per non farsi strappare da ruota. Questa è una gara strana, si chiama Trofeo Baracchi ed è una cronometro a coppie, vale a dire in due contro l'orologio, contro la crudele maestà del tempo. Da Bergamo a Milano, 108 chilometri senza respiro. È così dal 1949 (e lo sarà fino al 1990), da quando cioè Mino Baracchi, un commerciante bergamasco, ha inventato questo sfiancante e spettacolare gioco di coppia in memoria del padre Angelo, che aveva la passione della bici. L'alchimia è quella di combinare due corridori, di solito il giovane campione e la vecchia stella, ed è così anche stavolta: Baracchi ha scelto Ercole Baldini, alla sua prima annata da professionista ma già strabiliante cronoman (da dilettante, ha polverizzato il record dell'ora che Anquetil aveva strappato proprio a Coppi), e l'ha messo accanto a Fausto che tramonta come un astro immane, non vince quasi più ma proietta sempre un'ombra gigante. Baldini più Coppi sembra la formula perfetta. Baldini: colui che al debutto al Giro d'Italia ha mandato venti corridori fuori tempo massimo nella crono di Forte dei Marmi, e la giuria li ha riammessi con un cavillo per non spappolare la corsa dopo due giorni. Baldini, il campione olimpico di Melbourne, appena un anno prima. Baldini, forse il nuovo Coppi.

Se accostate, la grandezza che nasce e la grandezza che muore fanno uno strano effetto. Ora procedono insieme, la potenza e la stanchezza, l'esuberanza e l'esperienza, l'istinto che vuole solo spingere e la ragione che sa di dover gestire quel poco che resta alla macchina, per non fermarsi. Vai piano, Ercole: il Campionissimo glielo dice quasi implorando, sembra un consiglio e invece è una preghiera. Perché il grande Fausto Coppi sta faticando per non farsi staccare in pianura da questo ventiquattrenne alto un metro e ottanta per ottanta chili. I giornalisti lo hanno battezzato l'Elettrotreno di Forlì, c'è sempre bisogno dell'epica dei motori, lo sport è Futurismo senza fine con qualche fiocco di retorica. Se Learco Guerra, sublime passista degli anni Trenta era la Locomotiva umana, ecco che Baldini diventa un convoglio più moderno, addirittura un elettrotreno, parola destinata a svanire presto dal vocabolario. L'immaginifico soprannome rende però l'idea della forza sovrumana, meccanica e naturalissima, che il campione di Villanova di Forlì (il paese dove nacque il 26 gennaio 1933) riesce a scaricare sui pedali. Qualcosa di mostruoso, come Fausto Coppi non tarda a verificare di persona. Vai piano, Ercole, che è lunga. Vai piano e non umiliarmi.

Ma Ercole non sa rallentare. È un gesto che non gli appartiene. Spingendo come un matto si è preso il mondiale dell'inseguimento contro Faggin, lui dilettante e quell'altro famoso professionista, sfiorando il record di un decimo di secondo. A quel tempo, la pista è come un teatro, velocisti e inseguitori sono stelle internazionali, la gente fa la coda per ammirarli nei velodromi dove gli ingaggi sono alti e si gira sempre in tondo, mentre il pubblico beve champagne. Ercole non rallenta, ed è così che conquista il record dell'ora il 16 settembre 1956: il Vigorelli è uno scivolo di biglie e Baldini una forza della natura. Dopo che il tempo ha scandito il suo giro, sessanta minuti rotondi e tremendi, l'Elettrotreno ha percorso 46,393 chilometri, vale a dire 234 metri in più di Anquetil, il francese che aveva tolto a Coppi un primato che resisteva da sedici anni ed era stato costruito in un pomeriggio di guerra e bombe, improvvisando, con addosso una maglia di lana spessa, su una bici pesantissima. Un secolo è passato da quel giorno, e adesso il cavaliere dell'ora è un ragazzo con una bianca maglietta di seta, fasciata di arcobaleno.

Ercole non sa rallentare, non può. Non l'aveva fatto neppure in Australia, all'Olimpiade. A quell'epoca potevano partecipare solo i dilettanti, ma Ercole Baldini è già celebrato come i più noti professionisti della strada. Molti sono convinti che straccerà gli avversari, non però i francesi che lo incrociano in allenamento a Melbourne e si accorgono – o credono di accorgersi – che l'azzurro pena un po' in salita, dove loro lo attaccheranno. Accade proprio il contrario. E colui che Orio Vergani definirà «il ciclista meditativo», perché è un ragazzone serio e introverso, non medita affatto e anzi spinge come un assatanato, nell'unico modo che conosce. Fa a pezzi i concorrenti, giro dopo giro, come se lui fosse una specie di tritacarne. Il clima è torrido, l'asfalto quasi si squaglia, ma che importa? Baldini è il più forte del mondo. Al penultimo giro, sulla salitella, allunga ancora e resta solo, e arrivederci francesi. Taglia il traguardo con due minuti di vantaggio, e gli unici davvero sorpresi sono gli organizzatori della corsa (non si erano informati bene su di lui) che non hanno preparato il disco con l'inno di Mameli. E quando la bandiera tricolore sale sul pennone, sono i nostri immigrati a cantare *Fratelli d'Italia* sulla scia di un certo Gualberto Gennai da Capoliveri, isola d'Elba, operaio, che intona le prime note.

La medaglia d'oro vale per Baldini il contratto con la Legnano, leggendaria squadra che fu di Bartali. E con la divisa verde oliva Ercole arriverà terzo al Giro d'Italia del debutto, quello vinto da Nencini. Il pubblico comincia ad ammirare il colosso di Forlì, mite e potente come vuole la tradizione dei giganti buoni. Sulla strada, e ancora di più in pista, non ha quasi avversari, solo a tavola c'è qualcosa che lo minaccia. Il commissario tecnico della nazionale, Giovanni Proietti, conosce la debolezza del suo ragazzo e lo controlla da vicino, ma Ercole ne inventa ogni giorno una nuova per mangiare di più. Dopo gli allenamenti, fila in mensa prima della doccia e si riempie le tasche di panini.

È un personaggio, un moschettiere della bici, proprio quello che vogliono i cantori sportivi di un'epoca che ha perso Bartali e quasi smarrito Coppi. C'è bisogno di un nuovo asso italiano da opporre alle stelle straniere, Anquetil e Gaul, Poblet e Rivière. L'Elettrotreno pare fatto apposta, ed è anche una persona ammodo. Non può non piacere, ed è esploso in mezzo al gruppo come una bomba. I vecchi draghi sono disorientati, Coppi specialmente. Ma quando Mino Baracchi gli propone Baldini come compagno di crono, il Campionissimo capisce di poterci guadagnare anche a costo di soffrire. Allora invita Ercole nella sua villa di Novi Ligure, per allenarsi insieme; il ragazzo, abituato a riso e bistecche, si stupisce che Fausto vada avanti a uova, noci, fiocchi d'avena e spremute. Con la Dama bianca che vigila, e dirige ogni cosa. È il contatto con un mondo misterioso e lontano: il giovane Baldini lo accosta intimorito, come entrando in chiesa, ma a Coppi bastano poche sgambate per capire su quale spaventoso motore dovrà regolare i giri.

Ercole è timido, un po' a disagio accanto a una simile leggenda. Non ha dimenticato il loro primo incontro, nelle Marche, sulla salita del Muraglione: lui scendeva e Coppi saliva, ma Baldini girò la bici e Fausto gli chiese di restargli al fianco, per proteggerlo dai ragazzini e dagli altri ciclisti che l'avevano riconosciuto e gli facevano ala. Il Campionissimo, in quelle occasioni, aveva sempre paura di cadere, lui così abituato a frantumarsi le ossa (gli accadde tredici volte, tra gare e allenamenti). Suo fratello Serse era morto proprio in questo modo, cadendo dalla bici. «Con me vicino, Coppi quel giorno si sentiva più tranquillo. L'ho davanti come se fosse ora: io con la maglia della Nicolò Biondo di Carpi, lui con la celebre divisa della Bianchi e gli occhiali da sole.»

E adesso, in questo pomeriggio del 4 novembre 1957, Fausto non è più accanto a Ercole ma gli sta dietro, pregandolo di non forzare. Baldini non capisce, sente la potenza in corpo e la minaccia dell'altra coppia da battere, Anquetil-Darrigade. A metà gara sono davanti i francesi, lo stesso a ottanta chilometri dal traguardo. A un certo punto, Ercole fora una gomma e Coppi non si ferma ad aspettarlo. Continua, invece, perché se rallentasse imballerebbe un motore appena calibrato e che solo ora sta cominciando a girare. Ma il giovane Baldini non comprende la scelta del compagno, gli pare quasi un affronto, anche perché il pubblico ai lati della strada non sa nulla della foratura, e pensa che Coppi abbia staccato Baldini. La rabbia e lo strapotere atletico permettono a Ercole di riportarsi su Fausto dopo un gigantesco sforzo, ma ormai il giovane e il vecchio asso possono procedere di slancio, sono finalmente a mille e Coppi riesce in qualche modo a reggere il passo, spingendo più di prima.

Il finale è memorabile. Ercole Baldini e Fausto Coppi vincono per cinque secondi appena. «Ci voleva!» dice Fausto al compagno. Ma in segreto, rivelerà a Gianni Brera: «Non ho mai penato tanto in vita mia». Sarà quella l'ultima vittoria di Coppi, solo tre anni prima di andare a morire in un modo assurdo. Ma anche Baldini, come campione, ha già il percorso segnato.

Il 1958 sarà il suo anno irripetibile: vince il Giro d'Italia con la fantastica tappa di Bosco Chiesanuova, dove attacca persino in salita, si porta a casa il titolo italiano e il mondiale su strada a Reims. La maglia iridata la indossa incrociando ancora il destino con Fausto, che diventa il regista occulto della corsa: quando mancano la bellezza di duecentocinquanta chilometri al traguardo, Coppi fa segno a Baldini di inseguire Bobet e Nencini, già in fuga. Ercole non capisce, tentenna, gli pare una mossa sconsiderata: troppa la distanza dall'arrivo, e poi c'è già un azzurro davanti. Non si saprà mai se Coppi abbia detto a Baldini di scattare per bruciarlo, cioè per lanciarlo allo sbaraglio con una mossa suicida, oppure se il vecchio fuoriclasse abbia intuito il momento decisivo e non potendo viverlo in prima persona (la forza non è più quella di un tempo) abbia voluto almeno prendersi l'attimo magico per interposta persona. Sia come sia, Baldini raggiunge gli avversari e poi li sfianca uno a uno, com'era successo alle Olimpiadi due anni prima. È la sua solita, irresistibile dimostrazione di potenza, ma sarà anche l'ultima. Perché un mistero l'ha già catturato.

Lo operano d'urgenza di appendicite, si appesantisce e sembra smarrire lo smalto. La sua pedalata non è più così rotonda, è come se nei tre anni precedenti, grandiosi e fulminanti, Baldini avesse concentrato la forza e lo slancio di un'intera vita. Continuerà comunque a correre, quasi da corridore normale, guadagnando benissimo e vincendo poco. «Quando i tifosi e i compagni hanno cominciato a spingermi, ormai non andavo più.» Disse che gli spiaceva soprattutto per lo sponsor, il commendator Borghi dell'Ignis. Perché Ercole era fatto così, e non voleva rubare i soldi. A chi gli chiedeva, negli anni a venire, le ragioni di quel rapidissimo tramonto, Ercole rispondeva allargando le braccia, dicendo che le cose vanno come vanno. E comunque, lui aveva avuto tutto.

RIK VAN LOOY, 11 AGOSTO 1963

Da dove viene il pericolo, Rik? Dove bisogna guardare? Alle spalle, ecco dove si nasconde. Il pericolo è un rumore di vento, un respiro appena. Sei lanciato, velocissimo, irraggiungibile, eppure c'è un rantolo che assomiglia a un tradimento e lo senti sulla nuca come il sibilo di un serpente. Ti volti e sei perduto. Anche se ti chiamano l'Imperatore.

Il sole schiaccia le ombre dei ciclisti come se una mano le disegnasse sull'asfalto, nitide e nere. E il vento pulisce l'orizzonte, rendendo più netti i dettagli. Brilla l'acciaio delle forcelle, i pedali sono ali d'argento. I colori delle biciclette assomigliano all'arcobaleno della maglia che indosserà il vincitore. Campionato del mondo 1963 a Ronse, in Belgio, la terra dell'Imperatore Hendrik Van Looy, già due volte iridato nel 1960 e nel 1961. Nel 1962 non c'è riuscito solo perché una moto l'ha fatto cadere, al Tour, così al mondiale non sta bene e non è veramente lui. Ma oggi lo è. Non può non fracassare gli avversari allo sprint, perché è così che finirà dopo 279 chilometri di corsa e sette ore e mezza in sella. Il percorso è piatto come un lago, dolce come un rettilineo.

Nessuno, nelle gambe e nella testa, ha la potenza di

Hendrik Van Looy detto Rik II per distinguerlo da Rik I, cioè Van Steenbergen, del quale Rik II è allievo persino superiore. Alla fine della carriera, avrà vinto 371 gare, nella storia del ciclismo solo Eddy Merckx ha fatto meglio. E trionferà in tutte le classiche come neanche il Cannibale, al quale mancherà pur sempre la Parigi-Tours. Solo Van Looy, con Merckx e De Vlaeminck, riuscirà a conquistare le cinque «classiche monumento»: Milano-Sanremo, Giro delle Fiandre, Parigi-Roubaix, Liegi-Bastogne-Liegi e Giro di Lombardia. Cronache e memorie lo raccontano come un impressionante passista-velocista, imbattibile in volata e indistruttibile nelle prove di fatica. Soltanto le salite potevano sfiancarlo e neppure sempre, visto che al Giro d'Italia del 1960 fu primo nella classifica degli scalatori. Però non vinse mai una grande corsa a tappe, e questo gli impedì di essere ancora più grande. Ci provò al Tour de France del 1962, proiettando la sua ombra sul fuoriclasse Anquetil, di lui più complesso e introverso, ma non riuscì anche per colpa di una caduta sui Pirenei. Se, però, si doveva correre per il traguardo di un giorno solo, fosse pure in capo al mondo, nessuno mai avrebbe messo la ruota davanti a quella dell'Imperatore di Herentals.

Rik Van Looy era cattivo, un tiranno nel gestire sudditi e gregari. Ne aveva di formidabili, alla Faema, la squadra delle macchine da caffè dell'italo-argentino Carlo Ernesto Valente. A un certo punto, gli misero accanto persino Gaul e Bahamontes, anche se la sua leggendaria «guardia rossa» era formata dai passisti che masticavano la pianura per lui, portandolo fresco e intatto agli ultimi trecento metri di ogni corsa, perché Rik potesse iniettare il veleno nel corpo di avversari già sconfitti. Il fedelissimo tra le guardie si chiamava Edgard Sorgeloos, detto Labike, la Biscia. Nella sua coda pedalavano in perfetta fila indiana gli altri della Faema, e fu così che inventarono «il treno del velocista»: la squadra intera in testa al gruppo, ad andatura elevatissima, in modo che nessuno possa inserirsi nei cambi o tentare l'inaudita fuga all'ultimo chilometro. A questo punto, il capitano Van Looy si accomoda sulla ruota della Biscia e aspetta di lanciare l'ultimo scatto. Funziona sempre.

All'Imperatore non si può disubbidire, se si vuole continuare a correre e portare a casa lo stipendio. Rik II si ispira a Coppi nella gestione tirannica della squadra, nessuno spazio a nessuno, ma ricchi premi da dividersi ogni sera. Tutto, in lui, è programmato e ogni conto torna fin da quando, bambino, consegnava il latte spingendo una bicicletta pesantissima. Presto gliene comprarono un'altra, più leggera, e la terza addirittura una piuma. Tra i dilettanti vinse molto e bene, mentre da professionista chiese più tempo a se stesso per decifrare il mondo che lo circondava. Dal 1953 al 1956 si concedette tre anni di studio (lui era nato il 20 dicembre 1933 a Grobbendonk, un borgo non lontano da Anversa), e finalmente vinse la Parigi-Bruxelles e la Gand-Wevelgem. Si cominciava a dubitare della sua classe, della purezza del suo stile inconfondibile: a volte la bellezza non porta vittorie, non è abbastanza sporca per rotolarsi nel fango come il ciclismo richiede. Se non sei un Anquetil, troppa aristocrazia del gesto può fare di te un meraviglioso ibrido, non un azzannatore di corse. Ma Rik II era assetato di sangue, e cominciò a vincere sempre. Sposò Nini Marien, una distinta signora bionda, e non lasciò traguardi a nessuno: goloso, ingordo, insaziabile si prese ogni paese, ogni rettilineo d'arrivo e due campionati del mondo al Sachsenring e a Berna, sicuro di arrivare a tre come Binda e Van Steenbergen. Con quella fede senza incrinature, propria dei sovrani assoluti, si diresse alla partenza del mondiale 1963. Era l'11 agosto, e il vento schiaffeggiava la pianura.

La sera precedente, tutta la squadra belga è rimasta ad ascoltare in silenzio gli ordini dell'Imperatore. Schierati davanti a lui ci sono Gilbert e Armand Desmet, Planckaert, Cerami e il giovane Benoni Beheyt, buon velocista che Van Looy ha preteso in nazionale per sfruttarne il guizzo negli ultimi metri. Sarebbero stati loro, per un giorno, la sua guardia: celeste e non rossa, ma non meno fedele. Il percorso si adatta alla consueta tattica, si può dire che gli organizzatori l'abbiano disegnato per assecondare ogni energia nel corpo dell'Imperatore, padrone indiscusso delle pianure e degli orizzonti. Si tratta, insomma, di blindare la corsa e chiuderla in un barattolo, impedendo a chiunque di andare in fuga, finché quel barattolo non lo frantumerà Rik Van Looy con una pedalata.

All'ultimo giro, trentatré corridori sono rimasti insieme. Al suono della campana passano in testa Planckaert, Groussard, Van Looy, Post e Armand Desmet. Tre belgi, un francese e un olandese. Qualcuno, disperatamente, tenta lo scatto sulla salita della Cruche, attraverso il pavé di Louise Marie, infine sul falsopiano dei Quattro Venti. Ci provano Elliott, l'olandese Janssen e, due volte, l'inglese Simpson, quello che tra quattro anni andrà a morire sul

Ventoux. Ma sempre i sudditi di Rik II vanno ad agganciare gli illusi. Solo una piccola, impercettibile incrinatura si nota quando, a quattro chilometri dall'arrivo, scatta Gilbert Desmet, un belga. Il tentativo non dura, e Van Looy fulmina il compagno con uno sguardo quando il gruppo ritorna compatto. Più tardi, in albergo, Rik dirà qualcosa a Gilbert che mai più ci riproverà nella vita, questo è sicuro.

Però Van Looy è tranquillo. L'intera squadra ha ubbidito fedele ai suoi ordini fin dal mattino. L'unico a battere un po' la fiacca è il ragazzo Beheyt: si è lamentato dei crampi, l'importante è che se li faccia passare all'ultimo chilometro, quando la corsa non potrà avere spiragli per nessuno. Intanto, la signora Van Looy firma autografi in tribuna, con il vento che le scuote appena la messa in piega stile anni Sessanta, platinata. Di più chiaro ha solo il fazzoletto bianco che tiene in mano e usa per salutare i corridori e il marito.

In fondo al rettilineo, ecco le motociclette che sfanalano. Il plotone è ancora un'ombra compatta, un enorme animale nero che sbatte la coda. La volata si aprirà sul lato destro della strada, dove i ciclisti sono già lanciati. In testa, e non può essere altrimenti, la macchia azzurrina dei belgi, messi in fila da Van Looy come soldatini di piombo. Ci sono tutti, è il treno dell'Imperatore. Uno solo sta ancora indietro, seminascosto dai corpi degli altri: è Benoni Beheyt, quello con i crampi. Ha ventitré anni e ha già vinto una Gand-Wevelgem; è molto veloce e scaltro, dicono che non capisca più nulla quando sente avvicinarsi l'arrivo. Anche lui, come il suo sovrano, è un prodotto delle terre orizzontali del Belgio. Cresciuto e, si può dire, vissuto in bici, prima per andare a scuola e poi per correre. Furono gli amici a convincerlo, quando aveva quindici anni: dai, Benoni, che non ti batte nessuno. Che nome assurdo, Benoni: un omaggio al nonno italiano. Ma fu la nonna a cambiargli la vita, quando gli regalò una bicicletta nuova e più leggera. Ogni sagra di paese una corsa, ogni corsa una vittoria. E tutte uguali, scattando alla fine, nei metri che rimangono, strappando gli avversari da ruota come pezzi di carta. Da allievo vinse quarantaquattro volte, da juniores trentatré. Ce n'era abbastanza per passare dilettante e poi professionista, facendo della bici un mestiere.

È più furbo che sconosciuto, il belga con il nome italiano. Perché sa nascondersi, sa farsi fantasma. È così che un velocista diventa invisibile: gli altri devono ricordarsi che esiste solo dopo il traguardo, quando è troppo tardi.

A trecento metri dalla fine, Rik Van Looy è già in testa a prendersi tutto il vento. La solita potenza gli ha permesso di allungare la coda della bestia. Nessuno sembra resistergli, e la signora Nini sta sorridendo: pensa che il suo Hendrik stia proprio bene vestito di arcobaleno. È abituata a vederlo così, è già successo per ventiquattro infiniti mesi, ma a certe cose non si fa mai il callo. Nini sa che nulla al mondo desidera più, suo marito, della terza maglia iridata. Ora lo scorge bene, è lui quella gobba piegata sulla bicicletta, anche se Rik sta muovendo la testa a destra e sinistra con strani scatti, e questo non gli accade mai. Avrà inventato un nuovo modo di essere forte, di caricarsi, di distruggere gli avversari, pensa la bionda Nini con il fazzoletto bianco strizzato tra le dita. Sgocciola luce, da quelle mani.

Da dove viene il pericolo, Rik? Quando lo senti sibilare come una vipera, dietro di te, è tardi. Un lunghissimo momento: Van Looy scorge da sotto il gomito sinistro (è così che guardano i velocisti) una sagoma color del cielo che lo sta rimontando a velocità quasi doppia rispetto alla sua. È strano, ma la forza gli manca di schianto. Ancora potrebbe vincere di slancio, però l'altro lo ha già affiancato. Lui prova a spingerlo, sgomitando, il nemico leva la mano dal manubrio e quasi lo tira indietro, anche se pare il contrario, cioè che il corridore in rimonta sospinga avanti con la mano Van Looy, l'Imperatore invincibile, il capitano. Sì, il capitano: perché la sagoma uscita dal nulla appartiene a un suddito belga, è quella di Benoni Beheyt, il mezzo italiano, il folle dell'ultimo metro.

E allora guardiamolo bene, l'ultimo metro. Ci sono Van Looy e Beheyt appaiati, il ragazzo finge di spingere il campione e invece lo trattiene, quando passa il traguardo si volta e osserva sbigottito Van Looy, poi alza la mano: lui sa. Uno sconosciuto ha vinto il mondiale, un fuoriclasse ora vorrebbe prendere il ragazzo per la gola ma li dividono. Trascorrono ore in attesa del fotofinish, infine il verdetto: ha vinto proprio Benoni Beheyt. «Andavo fortissimo, dovevo forse fermarmi?» dirà il ragazzo. «C'era un patto e non è stato rispettato», risponderà il sovrano. «Lui è giovane: ha davanti tanto tempo per pentirsi di ciò che ha fatto.»

Ed è così che andrà. Il ragazzo sarà per tutti il Traditore, non vincerà più nulla, faticherà persino a trovare un ingaggio nelle kermesse di paese perché Van Looy gliel'ha giurata: se volete me, dice agli organizzatori, dovete lasciare a casa lui. Andrà avanti così fino al 1968, quando Beheyt abbandona il ciclismo per aprire un negozio di biciclette. Ci resterà per trent'anni, aspettando che l'Imperatore torni a rivolgergli la parola. Accadrà, finalmente. Buongiorno Rik, buongiorno Benoni, nulla più di così. Tutto il resto è un rettilineo nel sole, una bestia che agita la coda. Tutto il resto è un fazzoletto bianco sulle labbra incredule di una donna.

JACQUES ANQUETIL, 3 GIUGNO 1961

«Se finirò al cimitero, vi condurrò qualcuno alla mia ruota.» Perché c'era sempre un'ombra dietro la sua, un profilo di ciclista nella scia del suo vento. Mai secondo, *maître* Jacques. Essere primi significa essere soli, galleggiare in una bolla. Il vincitore è lontano. La fuga è un modo per essere altrove, non trionfatori, non soltanto, ma remoti come esploratori di terre sconosciute. Il vincitore non ha veri amici, la sua esistenza è corrosa dall'invidia, dall'impossibilità di essere come gli altri. Se poi il vincitore è anche freddo, aristocratico, non simpatico, se ama mantenere le distanze con la gente come con gli avversari, se insomma prova sempre a staccare il prossimo, allora assomiglierà molto a un grandioso normanno chiamato Jacques Anquetil.

Nella scia del vento si agita l'imprevisto. Arriva il giorno in cui ti accorgi che non stai portando qualcuno al cimitero: forse stanno portando te. Si muore tante volte, in bici, e si muore soli. Non c'è bisogno di precipitare in un burrone. Si muore di rabbia, di fatica, di scoraggiamento. Si muore per una crisi di fame, quando ti potrebbe salvare una banana ma quella banana non c'è. Si muore per una gomma bucata, per l'ultimo fiato d'energia evaporato al sole, per una distrazione. Si muore per pigrizia, per stoltezza, perché è saltata la catena, perché il rivale ha spinto con i gomiti, perché uno spettatore si è sporto dalla transenna. Si muore per un secondo in meno o un pensiero in più. Si muore perché non si accetta di invecchiare. Si muore di nostalgia, di malinconia. Oppure, ed è la morte peggiore, si muore perché finalmente è nato qualcuno più forte di te.

Monsieur chrono, il Signor tempo era già morto diverse volte nel cuore dei francesi, perché la sua grandezza di cristallo (finta trasparenza, ingannevole fragilità) sapeva umiliare colui che più la gente amava, cioè Raymond Poulidor, il corridore contadino, l'atleta sanguigno, l'eterno secondo: quattordici Tour de France, otto volte sul podio e neppure un giorno con addosso la maglia gialla. Il talento grezzo dello sconfitto faceva impazzire le folle che vezzeggiavano Poulidor, lo coccolavano con il nomignolo di Poupou, e un arguto giocoliere di parole coniò un termine per esprimere tutto questo: *Poupoularité*. Pur di non fargli vincere il mondiale, Anquetil un giorno regalò la corsa al rivale Altig. In realtà, il Signor tempo e l'Eterno sconfitto erano due mondi lontanissimi. Il simpatico Poulidor non avrebbe mai avuto lo spessore agonistico e la classe di Jacques (cinque Tour, due Giri d'Italia, record dell'ora strappato a Coppi) neanche se avesse vissuto dieci volte, una in fila all'altra. Però, la sua maschera tragica era teatro, mentre Anquetil era irraggiungibile bellezza. Il pubblico non ama i principi snob. Il popolo vuole specchiarsi in qualcuno che gli somigli. E Monsieur chrono non assomigliava a nessuno.

O forse, invece, assomigliava un po' a Fausto Coppi. Quando il Campionissimo lo vide (Anquetil fece in tempo a correre con l'ultimo Coppi e con il primo Merckx, legando le due epoche fondamentali del ciclismo), intuì in quei muscoli asciutti e in quello stile magnifico qualcosa di sé. Si mise in testa di farne il vero erede, lo portò da Biagio Cavanna, il massaggiatore cieco, perché il santone ne tastasse il corpo e ne cercasse i segreti come un rabdomante. «Pensavo che Fausto vivesse da re, invece laggiù era tutto pieno di galline e panni stesi», disse il francese. Un mondo che non faceva per Anquetil, il quale ne fuggì come una rondine.

Tutti avrebbero inseguito il Signor tempo, anche all'inferno se necessario. Compreso questo italiano dal nome bizzarro e contadino, Arnaldo Pambianco, un battesimo che sapeva di forno e farina. Chissà cosa vuole, mentre pedala intorno a Jacques, un po' davanti e un po' dietro, nella quattordicesima tappa del Giro d'Italia 1961. Niente di speciale, si va da Ancona a Firenze, si scollina un po' di Appennino, lo sforzo è lungo (250 chilometri), ma il destino sembra il rettilineo della cronometro che ha permesso ad Anquetil di vestire la maglia rosa, e impadronirsi della corsa, come sempre. Perché lui fa così: niente volate, solo difendersi in salita e umiliare gli altri nella corsa più astratta e gelida, la cronometro appunto, il duello contro la maestà del tempo. Una gara di pura e perfetta solitudine, sarà per questo che Jacquot la ama tanto. Si somigliano, Anquetil e le crono: come se il dio del ciclismo le avesse create apposta per donarle a lui. Nelle cronometro servono forza, stile, posizione impeccabile per fendere l'aria, servono rotondità di passo e capacità di andare velocissimi per ore. La costanza, il ritmo, l'apparente facilità. Nelle cronometro ci vuole leggerezza. Bisogna avere spalle immobili, e la schiena curva come certi animali prima del balzo. Jacques Anquetil possedeva tutto questo già da ragazzino: vinse un Gran Premio delle Nazioni a diciannove anni, con fenomenale naturalezza. L'avrebbe mantenuta. E il 29 giugno 1956, a ventidue anni, seppe togliere a Fausto Coppi un record dell'ora quasi eterno: 46,159 chilometri, cioè 288 metri più dell'Airone. Accadde al Vigorelli di Milano, la pista che gemeva e respirava come una botte per il vino migliore, il santuario del ciclismo distrutto e ricostruito più volte, usato addirittura per le corse dei cani: il tempo sa sfregiare. Il Vigorelli vide un principe biondo con gli occhi color dell'acqua, Anquetil, assiso in bicicletta come su un trono d'oro.

E poi il Tour de France, certamente. La corsa più importante al mondo, il solo, vero misuratore di grandezza per qualunque campione. Ancora nell'ombra di Fausto, unico modello possibile, Anquetil vinse Giro e Tour nello stesso anno (1964, dopo essere già stato in rosa nel 1960), e cinque volte fu padrone nella sua Francia che non lo amava (nel 1957, e dal 1961 al 1964). E poi la Vuelta del 1963, altro traguardo destinato a corridori completi. Lasciava perdere le classiche, che pure avrebbe potuto raccogliere come un mazzo di rose, sfruttando il suo passo spettacoloso. Niente Sanremo, niente Roubaix, Lombardia, Fiandre, niente mondiale. Vinse solo la Liegi-Bastogne-Liegi, la Gand-Wevelgem e una Bordeaux-Parigi che pure ebbe dell'incredibile. Per conquistare finalmente la folla, nel 1965 Jacques pensò bene di vincere il Giro del Delfinato, gara a tappe sulle Alpi, poi prese un aereo ad Avignone e in quello stesso pomeriggio raggiunse Bordeaux, dove a mezzanotte partiva la folle maratona in bicicletta di quasi seicento chilometri, gli ultimi dietro motori, i leggendari derny, le piccole motociclette da velodromo. Ebbene, il Signor tempo diventò per una notte il sovrano del dolore e della resistenza, quasi si abbandonò a una feroce crisi di sonno e stanchezza, ma il suo amico e direttore sportivo Geminiani (colui che era stato salvato dal chinino dopo l'avventura africana e la malaria che, invece, uccise Coppi) non lo fece reagire insultandolo, ma a colpi d'ironia. «Raphaël, adesso basta, mi sto addormentando!» gli sussurrò Anquetil a un certo punto, verso le cinque di mattina, e Geminiani rispose con una battuta fulminante: «Ci credo, Jacquot, è l'ora in cui di solito vai a dormire». Bastò questo, o forse servì qualche borraccia giusta per dare ad Anquetil la forza supplementare e fargli vincere la Bordeaux-Parigi. Per la prima volta, all'arrivo al Parco dei Principi, la gente impazzì davvero per lui.

Perché al Signor tempo piaceva spassarsela. Forse memore dell'antica battuta di suo padre Ernest («Se per fare il corridore devi rinunciare alle patate fritte, cosa aspetti a cambiare mestiere?»), Jacques decise di sostituire le patate con le ostriche e lo champagne. Nel suo castello di La-Neuville-Chant-d'Oisel non si spegnevano mai le luci nel cuore della notte, e non taceva il giradischi tra le mura che appartennero a Maupassant e ospitarono Flaubert. Erano feste senza fine, ma a un certo punto dell'anno quelle luci morivano e il silenzio finalmente avvolgeva parco e pietre come un mantello. Allora tutti, nel borgo, sapevano che il fuoriclasse Jacques Anquetil aveva cominciato la stagione degli allenamenti.

«Bisogna reggere *le petit matin* e *le gros rouge*», disse un giorno, per spiegare il suo stile di vita. Le ore piccole e il rosso forte. Si compiaceva del proprio personaggio e non derogava: le leggende si creano così, non solo facendo scintillare la bicicletta davanti a tutti. Esistono disegni di grandezza impossibili da sporcare, intangibili. Finché arriva il giorno che s'infila al contrario nella sequenza del destino e la interrompe. Il 3 giugno 1961 appartiene a questa categoria.

Cosa vuole l'italiano con il nome di farina, sempre tra i piedi? Arnaldo Pambianco è un onesto pedalatore. Forlivese di Bertinoro, ha la classica esuberanza del romagnolo e l'astuzia di chi sa fiutare l'aria giusta. Questo gli ha permesso, pur non essendo un campione, di arrivare settimo al Giro e al Tour nello stesso anno, il 1960, e addirittura quinto al mondiale del 1962. Ci sono corridori capaci di intuire il momento della fuga decisiva, sulla quale saltano come sul dorso di un cavallo da domare. Il buon Arnaldo è così. Già gregario di Baldini e Nencini, sa che il ciclismo è gloria per pochissimi e mestieraccio per quasi tutti, e non ignora che tra gli uni e gli altri esiste un muro altissimo, per molti invalicabile. Ma sa anche che in quel muro ci sono fessure invisibili, e una volta nella vita si può entrare nello spiraglio.

Adesso Anquetil pedala un po' indolente verso Firenze. La sua classe è smisurata. Duecentocinque vittorie in carriera, anche se il primo maestro Francis Pellissier un giorno lo chiamò «inventore di errori». Forse perché a Jacquot piaceva sbagliare da fuoriclasse, sbagliare troppo, anche in questo ineguagliabile. Il suo errore, quel giorno sull'Appennino, fu enorme e minuscolo a un tempo: Anquetil non aveva messo un panino o un frutto in più nella tasca della maglia. Abituato ad aragoste, civet di cinghiale e cozze alla crema, si era avventurato per duecentocinquanta chilometri senza quel boccone plebeo che è ossigeno per il ciclista svuotato. A Jacques era rimasto appena un sandwich, l'ultimo, con il traguardo ancora lontano. Lo catturò avidamente, infilando le dita nella tasca posteriore come un tentacolo di piovra. Afferrò il panino e cominciò a mangiare, quasi ingozzandosi. Pedalava e masticava, e a questo punto l'italiano con il nome di farina, il buon diavolo Pambianco, colse uno di quei dettagli che compongono i capolavori e le sciagure, e che nessuno nota. Il gregario che voleva essere qualcuno vide che il grande Jacques Anquetil insieme al pane si stava mangiando anche la carta. «Vuol dire che non è lucido», pensò Pambianco. Tanto valeva provare. Così organizzò una di quelle fughe senza storia e senza futuro, azioni proditorie e disperate alle quali i campioni non badano. Già dai nomi si capiva che quell'armata brancaleone non sarebbe andata lontano: la componevano Bampi, Giusti, Pellegrini, Ciampi, Liviero, Fontana, corridori anonimi, più quello con il nome di farina.

Cominciano a scalare il passo del Muraglione, poca cosa se paragonata a certi picchi dei Pirenei o delle Dolomiti, ma tanto basta per sorprendere gli assi e soprattutto

Anquetil, il divoratore di carta. A Firenze, a capo di un giorno alla rovescia, Arnaldo Pambianco si ritrova in maglia rosa con ventiquattro secondi di vantaggio sul normanno. Nessuno crede che li conserverà fino in fondo, c'è ancora da arrampicarsi sullo Stelvio, figurarsi se il Signor tempo non saprà scatenare muscoli, istinto, estro e polmoni per allungare le mani sulla corsa, da padrone. Le stesse mani che, da ragazzino, protendeva per raccogliere fragole: era quello il mestiere di suo padre, coltivatore. Poi Jacquot saltava su una bicicletta rossa e andava a vendere i frutti al mercato di Sotteville. Gli piaceva pedalare, purché la strada non salisse troppo. Più divertente giocare a pallone, perciò Anquetil non capiva i suoi amici Mimi e Momo, che si ostinavano a pedalare sul serio: volevano fare i ciclisti. «Siete due coglioni, faticate per niente», ripeteva Jacques, finché quelli non gli spiegarono che nelle corse in bici si vincevano soldi. L'unica prospettiva, per Anquetil ormai sedicenne, era una vita al tornio. «Tra le fragole e l'officina, alla fine ho scelto la bicicletta», dirà un giorno. Non per amore, non per passione. Per calcolo. «Il ciclismo poteva migliorare la mia condizione sociale.» E così fu. Il resto, il dono celeste della pedalata unica al mondo, venne usato come strumento, non come una grazia. E quel biondino con gli occhi azzurri cominciò a correre e vincere quasi sempre, purché la strada fosse lunga e diritta. Due frecce, la strada e Jacquot, puntate verso l'orizzonte.

«In bici si soffre, giù dalla bici si gode.» Lo champagne per ubriacare i fantasmi, quelli che in bicicletta non mancano mai. Jacques Anquetil li conobbe molte volte, ad esempio nell'assurda notte da Bordeaux a Parigi, però mai come al Tour del 1958 sulla Faucille, dove una spaventosa cotta lo sbatté fuori dalla corsa, ridotto a uno straccio. Lo portarono addirittura all'ospedale di Besançon, dove il radiologo scoperse una congestione polmonare e dove il sonno delirante di Anquetil venne squassato da un incubo: lui in bicicletta nell'uragano, inseguendo un fantoccio di pioggia con il viso triste di Charly Gaul, il suo rivale; e ogni volta che Jacques credeva di averlo raggiunto, quell'altro si scioglieva.

Era un epicureo, Anquetil. Ma lo stile gaudente non cancella le insidie della fatica, il dolore è sempre in agguato per il ciclista. E attenzione alla beffa, come in quel Giro del 1961. Non solo per colpa del panino, anche per l'attacco di Rik Van Looy nel tappone dello Stelvio, lui che era fenomenale sprinter e dominatore delle classiche, però mai un campione nelle gare a tappe. Il gigante di ghiaccio, lo Stelvio, quel giorno (era la penultima frazione, da Trento a Bormio) schiacciò tutti e due, Van Looy e Anquetil, dando a Gaul l'occasione per l'ultimo volo. Vinse, l'angelo della montagna, il lussemburghese mignòn passato alla storia sul Bondone nel 1956, e alle sue spalle arrivò nientemeno che il ciclista con il nome di farina. Proprio Pambianco si prenderà il Giro con tre minuti e quarantacinque secondi su Anquetil, realizzando il sogno impossibile per merito di un'occhiata: quando Arnaldo aveva visto Jacques divorare più carta che strada.

Altri avversari, da quel giorno in poi, il normanno avrebbe condotto all'inferno tenendoli nella sua scia a ingoiare il vento. E ancora fantasmi, ancora paure e gloria, trionfi e incubi. Perché Jacques era un talento friabile, aveva sempre mille timori, la notte poteva dormire solo con la luce accesa. In questo riverbero lo osservavano le sue donne, specialmente Janine, che era la moglie del suo medico e Anquetil gliela rubò, anche in questo emulo di Fausto Coppi. Janine ha già due figli grandi, un maschio e una femmina, Alain e Annie, però non può avere altri bambini. Così Jacques si accoppia con Annie, la figliastra, e nasce Sophie. Tutto senza segreti, come quando il campione si innamora della moglie di Alain, Dominique: anche da lei, Jacques avrà un bimbo, Christophe. Una vertigine pazzesca dentro le stanze sempre illuminate del castello, fino a quando la luce svanì e il Signor tempo (allora, però, lo chiamavano il Sultano) morì di cancro allo stomaco. Aveva cinquantatré anni. Accanto a lui che se ne andava, il vecchio rivale Poulidor non trovava le parole. Lo tolse d'impaccio il suo antico carnefice: «Vedi, Raymond, anche stavolta arrivo prima io».

FELICE GIMONDI, 2 SETTEMBRE 1973

Immobile dentro questo sole assassino, Felice Gimondi è arrivato al chilometro duecentoquarantasette. Ne manca soltanto uno. Lui sa che la strada sale un po', prima di andare a morire. Sale pochissimo, l'ha studiato, quattro per cento di pendenza. Potrebbe bastare. La strada è quella cosa che mastica i ciclisti stanchi. Qui le curve sono larghe, i rettilinei vasti come piazze, gli alberi bruciacchiati dall'estate catalana che non finisce mai. È il 2 settembre 1973, ma è peggio che in pieno luglio in Italia, l'aria è vapore di caldarroste, l'asfalto una gomma nera. Il mare manda il suo profumo crudele a chi sta pedalando per il campionato mondiale di ciclismo. Felice Gimondi lo sente appena, lui è uomo di valle, la sua si chiama Brembana, è un posto dove i poveri per non sentire la fame si riempiono la pancia di polenta e latte: un pastone da galline, che sazia. Felice ne ha mangiato tanto da ragazzino, anche se povero non era. Il papà scaricava ghiaia, la mamma faceva la postina. Lui, che si ricordi, ha sempre pedalato.

Tra qualche giorno saranno trentun anni, pensa Gimondi. L'età finalmente adulta, l'ingresso nella stagione decisiva, nel decennio che vola verso i quaranta. Si è uomini in modo definitivo, o così si dovrebbe. E se si è atleti, a trentun anni il tramonto è vicino. Le ombre sono più lunghe, i colori più vividi. C'è la percezione delle cose da concludere. Tra queste ombre, Felice è accanto al suo doppio, oggi come sempre, come in ogni maledetta corsa degli ultimi cinque anni, da quando è arrivato «quello là». Per tanto tempo, Gimondi non è riuscito a pronunciare il nome dell'altro per intero. Lo ha sempre chiamato l'Eddy, con l'articolo, oppure «quello là». Il resto del mondo, quello là lo chiama il Cannibale perché divora carne umana e il suo appetito è senza tregua. «Non lasciava niente a nessuno, l'Eddy, era il suo modo di essere. Alla lunga, ho capito che era anche il suo modo di rispettarci.» Bisogna pur farsi una ragione dell'ombra.

Oppure, se proprio deve, Felice lo chiama il *Mers*. La sua faccia da indio la vede ovunque, è un'ossessione. Nessuno, nella storia del ciclismo, mai ha vinto e mai vincerà quanto e come Eddy Merckx. Nessuno, nella storia del ciclismo, saprà aspettare quanto Felice Gimondi, nessuno saprà trasformare l'unico giorno di gloria in luce che cancella gli altri, dando senso all'attesa e alle sconfitte. «Pensavo di essere il più bravo del mondo, ho debuttato vincendo il Tour a ventidue anni, e nella stagione dopo, la Roubaix, la Parigi-Bruxelles, il Giro d'Italia e il Lombardia, dove batto un giovane belga con le cosce molto grosse, potentissimo, l'Eddy. Andavo forte in salita, in pianura, a cronometro. Ma arrivò uno migliore di me, uno irraggiungibile. Ci metti un po' ad accettarlo, se sei un ragazzo e se hanno scritto che sei il nuovo Coppi.»

Quando Gimondi vince a sopresa il Tour de France nel 1965, Fausto Coppi è morto da appena cinque inverni. Si cerca disperatamente il profilo di un erede, la figura di un corpo perfetto in bicicletta, qualcuno che un po' assomigli a Fausto, una gamba elegante e flessuosa, un naso acuminato, due occhi seri. Il giovane Gimondi si adatta bene a quel desiderio popolare, è una silhouette da sovrapporre al vuoto del sogno, alla mancanza senza fine. Ha l'aria del bravo ragazzo di campagna, come Coppi, anche se sono cambiati i tempi e questa è già l'epoca del boom, non più l'infame dopoguerra. Ma, in fondo, l'anima contadina e ingenua degli italiani non è poi tanto diversa, anche se vanno in Lambretta e comprano il frigorifero e la macchina lavapanni automatica, magari a rate. Felice Gimondi è il campione che mancava, un viso che rassicura. Vince persino in Francia, la terra regina dei ciclisti.

Anche la Spagna è una terra da ciclisti, però più aspra e selvatica. Qui i corridori sono quasi tutti magri e sbilenchi, li hanno appesi al telaio delle biciclette come stracci fradici e rimangono lì, stesi ad asciugare al sole delle salite, sui tornanti dei Pirenei, mangiando la polvere della Vuelta. Luis Ocaña è uno spagnolo atipico, lui non è uno sgorbio di grimpeur, ma un campione a tutto tondo. Nel 1973 ha appena vinto il Tour, quello dove l'Eddy non è andato, dicono per ripicca verso gli organizzatori, oppure per preparare meglio il mondiale di Barcellona e mangiarlo come lui solo sa fare, in un solo tremendo boccone. Il sangue degli avversari sembra già colargli dalle labbra, come quello dei compagni di Ulisse divorati da Polifemo. Ma Ulisse alla fine l'ha fregato, perché anche i cannibali si possono battere con l'astuzia, la pazienza e il cervello, sperando nella fortuna di una loro distrazione, confidando nella sorte ancora più cieca dell'occhio trafitto del ciclope.

Luis Ocaña è vicino a Merckx, ora che manca appena un chilometro alla maglia iridata. Lo spagnolo è capace di tutto, il belga di una sola cosa, vincere. Il terzo è un ragazzino anch'egli belga, si chiama Freddy Maertens e in volata prende a sberle il vento, scatta feroce come un pistard e lo fa sorridendo, non sente il telaio né la catena, più che altro non sente ragioni, è un drago degli ultimi cento metri. E il quarto è proprio lui, il più vecchio, il motore diesel, Felice che non fu il nuovo Coppi solo perché commise l'errore di nascere in prossimità dell'Eddy, quello spaventoso fenomeno atletico e psicologico, l'atleta più ossessionato dal traguardo nella storia dello sport. Ma Gimondi sempre dietro, indomabile. Tu vincerai e io ti annuserò la ruota, essere secondo dietro Merckx vuol dire essere il primo degli umani. Gli hanno dedicato anche una canzone, per questo: non ti voltare, sai che ci sarò.

La corsa mondiale è dura, a eliminazione. Come una bestia silenziosa che aspetta nell'ombra il momento dell'unghiata. Ancora una volta, la sagoma di quella bestia balza dal buio e si chiama Merckx. È lui ad attaccare quando mancano ottanta chilometri, strappando avversari come coriandoli. «Quasi sempre, il massimo del risultato con lui era non farsi staccare», ripeterà Gimondi tante volte. Gli era riuscito due anni prima a Mendrisio, non troppo lontano dalla Valle Brembana, dalle sue terre lombarde. Il *Mers* era partito come un razzo, Felice si era incollato a quella scia senza perderla, senza farsi troppo strapazzare e senza mollare sull'ultima salita, perché il belga aveva deciso di arrivare solo. Vinse in volata, certo, ma da solo non arrivò. «Nessun rimpianto, quel giorno non potevo fare di più.»

Se avesse uno stemma nobiliare, se esistesse il casato dei bravi figli mangiatori di polenta e latte, Felice Gimondi potrebbe far scrivere questo motto: «Nessun rimpianto». Solo un po' di tristezza per tutto quello che non è stato, per tutte le corse non vinte per colpa del Cannibale, o forse per la certezza che senza l'Eddy sarebbe stato lui il Cannibale. Anche se quella ferocia quasi malata Gimondi dentro di sé non l'aveva. Può un cannibale sorridere con gli occhi? Può essere così gentile, taciturno, serio?

Scatta a ottanta chilometri dal traguardo, Eddy Merckx, e sbriciola il gruppo dei superstiti. È l'undicesimo giro. Gli resistono solo Ocaña e Perurena, spagnoli, l'olandese Zoetemelk, il belga Maertens, gli italiani Battaglin e Gimondi, il «capitano unico azzurro» come lo chiamano i giornali da quando il commissario tecnico Nino Defilippis ha deciso di lasciare a casa Gianni Motta, uno che sta a Gimondi come Gimondi sta a Merckx. Si è preferito concentrare le forze su Felice: se non vince (e, accidenti, come può vincere contro il Cannibale?) i tifosi di Motta diranno che è stato un suicidio, e che quel Gimondi è vecchio. Un terribile sbaglio, illudersi su di lui.

Il Cannibale scopre di avere troppa gente intorno. Così allunga ancora, tremendamente. Ogni suo scatto è un colpo di maglio, ogni pedalata è un modo per fracassarli. Nell'ultima bordata, solo Gimondi ha la forza di non cedere: quel viaggio all'ombra dell'altro è la storia della sua vita. È la sua dolente abitudine. Nessuno come Felice Gimondi sa come si resta attaccati al *Mers*, con quale disperazione, serrando denti e cuore. «La sera di Mendrisio, a mondiale appena perso, mi faceva male la schiena per come avevo strappato il manubrio tentando di non staccarmi dalla ruota dell'Eddy, ma di più mi facevano male le mascelle. All'inizio non capivo, poi mi resi conto che era perché le avevo chiuse troppo, stando dietro a quello là.»

Non cede, Gimondi, e non cede neppure Ocaña che corre in casa, ha classe enorme, è un duro e ha ancora sulla pelle l'alone della gloriosa, recente maglia gialla. Non può tradire i suoi tifosi e creperà in sella, piuttosto di staccarsi. Chi invece dimena le spalle come un barcaiolo è Freddy Maertens: l'ultimo scatto del suo capitano gli sta frantumando i polpacci. Merckx se ne accorge con la coda dell'occhio, appena una fessura come quella dei pescecani. È un attimo, e il Cannibale deve decidere: insistere, e perdere un possibile alleato per la vittoria (ma forse levando da ruota anche gli altri), oppure aspettare il ragazzo e farlo rifiatare, dando identica opportunità all'italiano e allo spagnolo? Strategie, istanti che non concedono una seconda occasione. Merckx sceglie di rallentare, poi affianca Maertens e comincia a confabulare con lui in fiammingo. «Non ci capivo un accidente, però era chiaro che l'Eddy stava chiedendo a Maertens di aiutarlo in volata», ricorda Gimondi. Perché saranno quei quattro ad arrivare, soli, fino in fondo.

Nei bar di Sedrina, il paese di Felice, non c'è un posto libero. Il campionato del mondo di ciclismo è qualcosa da guardare insieme: da soli, a casa in tivù, non c'è gusto. E i tifosi sanno che prima o poi arriva il giorno in cui il destino si rovescia come la pioggia dentro un cielo estivo. Il loro campione è un temporale d'uomo, identici i tuoni, poi c'è il bagliore di un lampo nello scuro più profondo. Dentro i televisori appesi al soffitto, sistemati sui trespoli in fondo alla sala, le immagini del Cannibale e della sua ombra galleggiano come quelle degli astronauti sulla Luna, quattro anni prima, anch'esse liquide e senza peso.

Adesso la corsa è immobile e siamo all'ultimo chilometro. Tattica e silenzio, brevi sguardi per capire, piccoli trucchi, sotterfugi. I due ostrogoti parlottano, ancora, mentre la maschera dello spagnolo non dà spiegazioni. Felice «sente» la gamba. Sa che dopo tanta strada i valori si modificano, e il più forte può avere i muscoli sporchi di stanchezza, e il più giovane può non capirci niente, e certi traguardi si portano a casa anche con il mestiere. Perché di questo si tratta, sgobbare come minatori, come contadini nel sole febbricitante. Novecento metri, e non vola una mosca. Ottocento metri, ancora tutti fermi. Settecento metri, il *Mers* prova a fare il buco creando uno spazio dentro il quartetto, e sperando che il suo rivale più pericoloso e indomito, Gimondi, l'ombra di tanta strada, abbocchi e si porti avanti per non perdere il passo. «Ma io non mi sono mosso di un centimetro.» Quattrocento metri. Trecento. Ed è qui che la gioventù frega il fortunato che la possiede: Maertens non si trattiene più, e decide di sparare la fucilata. È una tattica per tirare la lunghissima volata al Cannibale? Era questa la loro fiamminga, intraducibile alleanza? Oppure, il ragazzo scatta perché sa di avere le gambe benedette dello sprinter, e così potrà sorprendere non solo lo spagnolo silenzioso, non solo l'italiano che è un camion, ma soprattutto il più grande corridore del mondo, il più forte di tutti i tempi? È un alibi, quello scatto? Come dire: caro Eddy, io sono partito lungo per portarti al traguardo, ma tu al traguardo non c'eri. Se la volata fosse un luogo di pensieri, ipotesi e filosofie, non sarebbe una volata. Perciò Maertens scatta, scatta e basta, poi vada come deve.

Trecento metri all'arrivo, dunque. Più lunghi degli altri 248 chilometri. «Non avevo speso tutto in quel circuito, per una volta mi ero un po' risparmiato, specialmente nel finale», ricorda Gimondi. Sempre incollato alla ruota di Merckx, finché non s'accorge che il Cannibale non risponde come dovrebbe allo scatto del ragazzo. «Eddy non lo ammetterà mai, però era sulle gambe.» Opaco, appesantito dallo sforzo. Ed è per questo che Felice abbandona finalmente quella ruota, è da una vita che sta lì, l'ha rincorsa più di un'innamorata bellissima e impossibile. Addio a quel sogno, dunque, e sotto a inseguire Maertens che a un certo punto piega la testa ed è sicuro di vedere irrompere la figura implacabile di Merckx. Invece è una sagoma azzurra, quella che lo sta affiancando, capace di spingere un lunghissimo rapporto come se non fosse una volata, ma la partenza di una cronometro al Tour, e lui avesse ancora ventidue anni e la folla lo chiamasse *Scimondì*. Il giovane Maertens (avrà l'occasione, lui, di vincere due mondiali nel tempo a venire) prova ad allargare il gomito, ma Gimondi lo allarga di più: è il malizioso istinto del pistard, un gesto accudito e perfezionato in tante Sei giorni. Apre il braccio, Felice, e quasi lo usa come una leva per darsi altro slancio e dimostrare che l'istinto feroce lo possiedono anche i bravi figli della terra, c'è una cattiveria disperata nel fondo di ognuno, una sete di sopravvivenza allevata come un figlio nei giorni delle sconfitte più nere. Oggi hai vinto tu, Cannibale, però il mio gomito si è fatto appuntito più di una lancia. Verrà il giorno.

E il giorno viene. Non una volta sola: Gimondi ha tenuto il conto. «Vinsi il Giro del 1967 e l'Eddy arrivò ottavo, lo superai anche al Lombardia in volata, e nella crono di San Marino nel 1968, e nella tappa di Bergamo al Giro d'Italia del 1976, e in una Coppa Agostoni. Ma Barcellona, certo, è stato più di tutto. Ci ho messo due giorni a rendermi conto. Quando ci penso, mi viene ancora la pelle di gallina.»

Fuori il gomito, fuori l'anima. Il ragazzo Maertens cede di schianto, e va a morire sulla spalla di Gimondi. Lo spagnolo silenzioso è terzo. Merckx, nella volata non si sporca nemmeno, ormai è sciolto, annichilito. Arriva quarto, cioè ultimo: un cannibale non si ciba di briciole, o divora tutto il piatto o resta digiuno. Dietro la sua ruota, per una volta, non c'è nessuno. Non c'è l'ombra di Felice.

EDDY MERCKX, 12 LUGLIO 1971

È finita, dice Eddy con quel suo viso di porcellana. Negli occhi un'ombrosa ferocia. È il giorno della più acida sconfitta della sua carriera. C'è qualcuno che va più forte di lui. «Penso che il Tour l'abbia già vinto Ocaña.»

Edouard Louis Joseph Merckx non aveva mai parlato così. Sul traguardo di Orcières-Merlette, undicesima tappa del Tour de France 1971, lo spagnolo Luis Ocaña lo ha staccato di otto minuti e quarantatré secondi: una distanza smisurata. È un corridore incredibile, Ocaña. Molto forte in pianura, resistentissimo in salita dove pedala in progressione, perché lui è uno spagnolo atipico: non il solito nodo di nervi, ma un atleta completo che sa spingere anche a cronometro e non ha vistosi punti deboli, a parte la volata, ma quella non serve a chi vuol vincere le grandi gare a tappe. Luis Ocaña ha lo sguardo triste, è un uomo in penombra, serio e malinconico. Vive in Francia da quand'era ragazzino e i genitori, poverissimi, dovettero emigrare; per questo in Spagna non lo amano troppo, lo considerano una specie di straniero, un apolide che ha preferito i colli dell'Armagnac alle terre roventi attorno a Priego, dove Ocaña era nato il 9 giugno 1945, otto giorni prima di Merckx, che è di Meensel-Kiezegem, Fiandre, luogo aspro già nel nome. A chi gli domanda cosa pensi degli spagnoli, Ocaña risponde: «Troppo chiassosi».

Alla partenza del Tour 1971, Eddy Merckx è già uno dei corridori più vittoriosi del secolo, una leggenda che spaventa per la voracità di ogni impresa: non c'è traguardo che il belga non voglia ingoiare, sminuzzando gli avversari. Non lascia nulla a nessuno, non c'è terreno capace di frenarne la furia. Imbattibile sul passo, irresistibile in salita, potentissimo in volata, meraviglioso a cronometro, addirittura folle in discesa. Un oscuro gregario di Poulidor, l'eterno secondo che i francesi amano proprio per questo, l'ha battezzato il Cannibale. Mai, nella storia dello sport, un soprannome fu più esatto: perché dalle fauci di Eddy Merckx gronda il sangue di avversari sbranati. Ma lui è impietoso specialmente verso se stesso: non si concede di perdere, mai, neanche nei circuiti di paese. «Perché il pubblico è il dio dell'atleta, e a quel dio bisogna sacrificare tutto.»

Fu così che nacque e s'impose il *merckxismo*, una specie di rivoluzione. Il fuoriclasse non si sottopone ad alcuna legge tattica, tecnica o agonistica; egli, semplicemente, porta ogni gara alle estreme conseguenze, attaccando dall'inizio alla fine, spremendo ogni goccia d'energia da un corpo all'apparenza inesauribile. Senza timore o dubbio di consumarsi, il Cannibale divora gli avversari, il tempo e se stesso. La grandezza assoluta di Merckx durò poco più di un decennio, dal 1965 al 1978 (ma l'ultima grande impresa, cioè la settima Milano-Sanremo, è del 1976), quando vinse come nessuno nella storia dello sport: 525 volte su 1800 corse, di cui 445 da professionista. Come dire che

Merckx trionfò quasi una volta su tre. E nel 1971 stabilì un altro primato ineguagliabile: 54 successi su 120 gare. C'erano giorni in cui i compagni di squadra lo vedevano al mattino, in albergo, e poi di nuovo la sera; perché durante la corsa Eddy non aveva mai abbandonato la prima posizione del gruppo. Solo così si spiega un albo d'oro spaventoso: cinque Tour de France (111 giorni in maglia gialla) e altrettanti Giri d'Italia (77 giorni in rosa, anche se resta la macchia mai chiarita della squalifica per doping nel 1969, con le lacrime del belga a Savona), tre campionati del mondo su strada, tre Roubaix, due Giri di Lombardia, due Giri delle Fiandre, una Vuelta, tre Frecce Vallone, una Parigi-Bruxelles, due Gand-Wevelgem, due Amstel Gold Race, le famose sette Sanremo e un record dell'ora che durò per ventotto anni e venne battuto senza alcuna preparazione specifica, al termine di una stagione (1972) in cui Eddy aveva vinto la solita Sanremo, tre classiche del Nord, Giro d'Italia, Tour de France e Lombardia, dopo avere perduto d'un soffio il mondiale a Gap. Ebbene, nel momento dell'anno in cui qualunque atleta avrebbe solo pensato a far riposare il motore, Merckx andò a Città del Messico e percorse in un'ora 49,431 chilometri. Era il 25 ottobre, il giorno che cambiò per sempre il ciclismo. Fausto Coppi era morto da appena dodici anni, ma era come se fosse trascorso un secolo.

La scintillante grandezza di Merckx conobbe rarissime ombre, e le più intense furono merito del tenace Gimondi e dell'indecifrabile Ocaña. Il quale, la sera del trionfo a Orcières, dopo settantasette chilometri di fuga, dichiarò: «La mia corsa comincia adesso». E allora Eddy pensò: «È finita», però disse: «Ora attaccherò sempre». E lo fece. Il pubblico non era abituato a vedere il Cannibale in affanno, invece Merckx sulla salita di Orcières sudava sotto un sole di fuoco e dondolava le spalle come un martire. Aveva cercato l'aiuto di qualche alleato occasionale, ma nessuno se l'era sentita di assistere il tiranno in difficoltà. Rimase dunque solo con i suoi compagni, ma pochi potevano reggere i grandi duelli in montagna; erano, quasi tutti, uomini di pianura. Ocaña in maglia gialla venne festeggiato come se l'intero mondo del ciclismo celebrasse il crollo di una dittatura. Un'impressione di poche ore appena, ma destinata a segnare un'epoca.

Dopo il giorno di riposo, che Merckx trascorse pedalando in solitudine e tacendo, il Tour portava i corridori da Orcières a Marsiglia. Neppure un metro di salita, però il belga andò all'assalto dal primo minuto di gara, quando lo spagnolo triste si stava ancora sistemando i cinghietti dei pedali. Eddy sfruttò la discesa per mettere paura a Ocaña, il quale limitò i danni solo perché il gruppo era ormai dalla sua parte, contro il despota. I primi cinquanta chilometri di quella tappa vennero percorsi in meno di un'ora, e lo spagnolo provò invano a unirsi ai fuggitivi che raggiunsero Marsiglia con quasi un'ora di anticipo sulla più veloce tabella di marcia. Vinse un velocista italiano, Luciano Armani, e Merckx disputò comunque lo sprint a caccia dell'abbuono: ogni briciola, per lui, valeva oro. Un'intera squadra, la Kas di Fuente, arrivò al traguardo fuori tempo massimo e venne comunque riammessa in gara, circostanza che fece infuriare Merckx; lui aveva deciso di distruggere il Tour da solo, raschiando poco a poco il vantaggio di Ocaña fino ad azzerarlo. A Marsiglia, il malinconico Luis perdette due minuti e dodici secondi; la rimonta di Eddy era già cominciata.

Ora il Cannibale aveva a disposizione una cronometro individuale, ad Albi, per avvicinare ancora di più Ocaña. La visse allo spasimo, ma anche lo spagnolo andò molto forte, spinto dalla maglia gialla, e limitò i danni: appena undici secondi in più di Merckx. Però Eddy disse che una vettura al seguito aveva favorito il rivale. Ai piedi dei Pirenei, prima del giorno che avrebbe deciso tutto, il vantaggio di Ocaña era ancora di sette minuti e ventitré secondi. Molto o nulla, visto che si trattava di arginare la furia del più forte ciclista di tutti i tempi.

In quel momento, Eddy Merckx chiese a se stesso l'impossibile. Sapeva di dover eliminare un avversario vero, dal cuore indomito, forse più in forma di lui. Eddy stimava Luis perché ne rispettava la serietà antica, intrisa di impenetrabili silenzi. Sapeva di trovarsi di fronte al corridore più completo mai affrontato in una corsa a tappe, un motore potente e agile. Di Ocaña lo turbava soprattutto non riuscire mai a leggergli in faccia il dolore, perché quella pareva essere la sua condizione naturale. Lo spagnolo era triste sempre, sembrava soffrire in ogni istante della corsa e della vita. Come capire, dunque, il momento giusto per attaccarlo? Come scoprirlo vulnerabile? Il volto di Luis Ocaña era una maschera tragica che non concedeva vantaggi, perché non svelava debolezze.

Il 12 luglio 1971 è il giorno del giudizio. Il Tour parte da Revel e arriva a Bagnères-de-Luchon, sui Pirenei: 214 chilometri che Eddy Merckx ha deciso di percorrere mordendo il manubrio, perché non ci saranno altre occasioni. Luis Ocaña sa di non dover abbandonare la ruota del Cannibale neppure per un metro: la Francia è tutta con lui, persino più della Spagna.

Il mattino è afoso, insopportabile, e l'umidità pesa sugli atleti come un invisibile mantello. Le salite più difficili da affrontare saranno quelle del Portet d'Aspet e del Menté, suggerita agli organizzatori da Louison Bobet. Lo spagnolo triste conosce benissimo quelle strade perché vive a Mont-de-Marsan, non lontano: ogni pietra del percorso gli è familiare. Per scalare agilmente, ha deciso di usare una bicicletta più corta e leggera del solito. Anche Eddy è un maniaco della meccanica, spesso si ferma a bordo strada per regolare meglio il manubrio o la sella, usando una chiave a brugola; ma per il tappone pirenaico ha deciso di non variare niente. Gli basterà spingere sui pedali come nessuno ha mai fatto.

I filmati di quel giorno memorabile mostrano come il cielo si rabbuiò all'improvviso, diventando una specie di notte di luglio. Ai piedi del Portet d'Aspet, le nubi coprono la corsa come un coperchio, poi si scatena la bufera. Nell'aria esplode una pioggia tremenda, è come se l'acqua sbucasse da ogni orizzonte, come se zampillasse dal basso e schiaffeggiasse i poveri ciclisti in orizzontale, non solo cascando da immani precipizi. L'uragano scatena Merckx, che lo sente come una specie di fratello, qualcosa di sovrannaturale: atleta e natura, nei loro tumulti, si assomigliano. E non c'è angolo di percorso, non c'è curva, non c'è rettilineo e non c'è picchiata dove il Cannibale non provi a straziare Ocaña, il quale però lo segue come un martire o un suicida.

Sul Col de Menté cadono secchiate di pioggia, le auto sbandano e i corridori ancora di più. Merckx attacca la discesa in testa, seguito da Ocaña, Zoetemelk e Agostinho. Si alza sui pedali come se si dovesse arrampicare, invece si tratta di buttarsi a tomba aperta. Eddy rischia la vita, ma Luis non può arrendersi, non è soltanto una questione di maglia gialla ma di destino e dignità, di orgoglio e dovere. La bicicletta di Ocaña, così leggera, quasi un telaio da trapezista è difficile da governare e infatti ondeggia, imbizzarrita. Luis è seduto sulla sua trappola. Il belga non rallenta neppure in curva, mentre ci sono corridori che si fermano aggrappandosi alle piante oppure frenano con i piedi. Acqua e fango invadono l'asfalto, è impossibile rallentare in altro modo.

All'uscita da una curva, Merckx sbanda ancora ma rimane in linea, e con un gioco d'equilibrismo prosegue la picchiata. Invece Ocaña raddrizza la traiettoria e finisce contro un muretto. Non sarebbe un impatto terribile, infatti lo spagnolo prova a ripartire, si rialza, due spettatori lo ostacolano. Il caos è assoluto. Luis Ocaña cade una seconda volta, perché ha i piedi agganciati ai pedali e non può liberarsi. Quando finalmente si rimette in sella, arriva Zoetemelk che lo centra in pieno. Stavolta il colpo è durissimo. Lo spagnolo resta a terra con la bocca spalancata; urla e regge con la mano un braccio disarticolato, ha una spalla spezzata. Lo porteranno in elicottero alla clinica di Saint Gaudens: sono le quattro e mezza del pomeriggio, il suo Tour si chiude qui.

Quella drammatica tappa viene vinta da un altro spagnolo, Fuente, davanti a Van Impe. La maglia gialla è

Merckx, che però al traguardo rifiuta di indossarla. «Non posso portare qualcosa che non mi appartiene.» Le fotografie di quel giorno mostrano il belga senza sorriso, il volto tagliato da una smorfia amara; la maglia del primato gliela appoggiano sul petto nell'imbarazzata premiazione, solo perché si veda il nome dello sponsor. Poi, Eddy va a trovare Ocaña e in ospedale gli dice: «Senza la caduta, il Tour lo avresti vinto tu e prima o poi ce la farai». Accadrà, infatti, due anni più tardi, quando Ocaña arriverà in giallo a Parigi ma senza Merckx, che per una volta ha preferito correre e vincere la Vuelta.

Non sarà facile né felice, il resto della vita di Luis Ocaña. Incidenti, cadute, dolori, l'epatite e la depressione, un'uscita di strada in automobile che gli costerà l'occhio sinistro, infine il suicidio, il 19 maggio 1994, con un colpo di fucile, tra le sue vigne. Ma quest'uomo dolente e distante, che aveva addosso il tremendo fascino della sfortuna, è stato l'unico – forse più dello stesso Gimondi – a riportare sulla terra per qualche attimo una creatura d'altri mondi chiamata Eddy Merckx.

ROGER DE VLAEMINCK, 15 FEBBRAIO 1987

Su queste foglie bagnate e rosse come la ruggine, pensa Roger, bisogna stare attenti. Neanche te ne accorgi e già sei per terra. E quanto freddo oggi, in questa campagna strana e vuota. Il pubblico, poco, si è arrampicato fin sull'orlo dei sentieri e adesso guarda i corridori sul fango gelato, con le gomme delle bici che sembrano piccoli denti affamati di piranha. C'è un bambino con il padre per mano, sullo sfondo di un pioppeto. Guardano le biciclette. Sono belle, tutte sporche. Non sembrano cavalli da corsa, ma bestie da tiro. Così pensa il padre. Invece il figlio pensa che ne vorrebbe una, blu elettrico, come quella di Roger De Vlaeminck.

Roger compirà quarant'anni ad agosto, e da quattro ha smesso di correre su strada, dov'era un principe. Ora è tornato sovrano della terra e della polvere, imperatore della poltiglia che si raccoglie sul fondo dei viottoli, quando le ruote raspano tra radici storte, appena affiorate alla base dei grandi alberi: lo chiamano ciclocross. Ed è un bel modo di farsi fasciare dal gelo, nei pomeriggi dell'inverno di cristallo, quando la campagna dorme. Il fiato si addensa sulle bocche dei ciclisti, si fa onda di vapore e poi sale verso un cielo di ghiaccio. C'è solo rumore di ruote, e il tonfo di qualche caduta. Su queste foglie bagnate, rosse come la ruggine, bisogna stare proprio attenti, pensa Roger.

L'Italia lo ha sempre reso felice. Ventidue tappe vinte al Giro, strappate agli altri con potenza, agilità e scaltrezza. Roger aveva quasi sempre addosso la maglia ciclamino della classifica a punti, oppure quella a strisce rosse e blu come la bandiera americana, e il blu era lo stesso del telaio della bici: un tono ardente come una notte stellata, quando il nero non è ancora compatto, e il blu scurissimo resta per qualche attimo padrone del cielo. Sono momenti. Bisogna strappare tutto al tempo, pensa Roger mentre pattina nel fango, come il blu alla notte.

Questo posto quasi non esiste, tra Volpiano e Lombardore, nella campagna piemontese. Il regno del motocross. Oggi invece sgommano le bici, e in mezzo ai corridori c'è anche il mostruoso Roger De Vlaeminck, quello che nei giorni giusti – ed erano tanti – sapeva far male persino a Merckx, e riusciva a togliergli qualche pezzo di carne dalla bocca. Nelle corse dove le pietre e la crudeltà della strada straziano il corpo, lo zingaro Roger trovava abissi d'avventura per il suo cuore vagabondo. Era figlio di gitani, mercanti di stoffe fiamminghi che giravano le piazze, ogni giorno una corsa, ogni angolo un tracciato che comincia e finisce come in bicicletta. E un pubblico da innamorare. Anche Roger, piazzista di gloria, mercante di sudore, sapeva farlo. Il suo reame era una pietraia di nome Roubaix: la Corsa. La più grande, sofferente, assurda, assassina gara al mondo. Il gitano la vinse quattro volte, e come lui nessuno. Gli anni li ha bene in testa: 1972, 1974, 1975 davanti al Cannibale, 1977. Monsieur Roubaix, così lo chiamavano. E quattro volte secondo. E una volta terzo. E mai meno che settimo. Nessuno, con un simile talento, ha mai sfrecciato tra gli spigoli aguzzi del pavé.

Il pomeriggio è come una lastra di marmo da scalpellare, pensa Roger che con il minimo sforzo lascia indietro i suoi quarant'anni, e gli avversari. Mai stato così facile, contro il Cannibale. Ma questa è solo una passeggiata da ultima stagione in sella, adesso vincere tra i sentieri è naturale. È la cosa più facile al mondo, la più inutile. Roger non conosce neppure uno di questi corridori, sono ragazzi che lo guardano come una statua, lo sfiorano devoti e timidi come se lui fosse una nera riga d'inchiostro tra le pagine di un libro. Questo diventano gli eroi della storia, una fila di parole come polvere scura su una distesa immacolata, infilate come perle nella collana. Ma la collana l'hanno chiusa in un cassetto, per sempre.

Vecchio Roger con la schiena ormai ritta, il tuo corpo è un angolo acuto sul telaio della bici. Stai diritto, adesso. Ma quando filavi tra le pietre, alle spalle Parigi, negli occhi la periferia di Roubaix, intorno la folla che urlava senza scalfire la tua solitudine, avevi il busto parallelo al tubo orizzontale, quella parte della bicicletta che corre sulla stessa linea della strada. Se ne avessero disegnato a matita il prolungamento, il tuo dorso sarebbe stato una freccia e mai avrebbe incontrato il terreno, sfiorandolo all'infinito. Il cespuglio nero dei capelli ti dava quell'aria da giramondo, e i basettoni ti facevano quasi chitarrista rock. Avevi, Roger, una specie di ghigno azteco o slavo, come se portassi nel sangue tutti i percorsi delle generazioni, ogni ruga l'autografo di un avo. L'espressione era strafottente. Un po' assomigliavi persino al Cannibale, forse nel taglio degli occhi, forse per quel mezzo sorriso beffardo e sornione, incredulo prima di tutto di sé. La tua faccia monella non rispettava niente, non temeva niente e voleva tutto; e te lo saresti preso a colpi di pedale, ma il Cannibale di più. Anche se è stato bello, qualche volta, farlo soffrire e penare, fargli sentire tra le sopracciglia il fango della tua ruota, schizzato contro la faccia di atleta più famosa al mondo. Ora, le macchie che la gomma di Roger spruzza nello scatto sono sputi contro la maglia iridata del Cannibale, non più bianca ma sporca, e sconfitta. Sono passati quattordici anni da quell'aprile 1975, e oggi (è il 1987) l'antico nemico sarà a tavola con i parenti, gli piace mangiare e bere, è diventato grasso e non si nutre più di ciclisti ma di ricordi. A tutti gli atleti succede, presto o tardi. Il tempo dice loro che sono stati, che furono. Forse è per questo che Roger ancora non smette, nell'inverno che tra poco finisce.

Dicono di lui che è stato il più grande corridore nelle corse di un giorno. Roger non è d'accordo, perché gli manca quella maglia che sporcò addosso al Cannibale, color arcobaleno. Ha vinto tutto, il gitano. Solo lui, insieme a Merckx e Van Looy, è riuscito a conquistare tutte le classiche monumento: Roubaix, Liegi-Bastogne-Liegi, Giro delle Fiandre, Freccia Vallone, Giro di Lombardia, Milano-Sanremo. In totale 257 corse, una cifra pazzesca, scritta negli anni Settanta dove c'erano passisti come motociclette e creature della strada senza terrore di nulla. Come loro e più di loro, Roger De Vlaeminck visse la lunga stagione come un colpo di vento, quando scuoteva il telaio nello scatto rabbioso e la catena scintillava, e le forcelle si torcevano, e il suo ghigno mordeva l'aria. Eppure, Roger dice che no, non è stato lui il più grande. Perché non è mai diventato campione del mondo su strada. Ha dovuto chiedere aiuto al fango, per mettersi l'iride attorno al cuore: l'ha raccolta nei sentieri del ciclocross. Ma su strada no, ed è questo che gli manca, anche se gli zingari sanno di non poter battere tutte le piazze, di non poter vendere né comprare ogni merce. Qualcosa rimane fuori dal banco. Forse il pezzo di stoffa più pregiato, il più desiderato.

Nel 1975, dopo avere oltraggiato il Cannibale a Roubaix, Roger era convinto che sarebbe stato l'anno giusto. E corse il mondiale come un figlio dell'uragano, tempestò di muscoli e furore la corsa come sapeva fare nei giorni ventosi delle primavere al Nord, peccato che il mondiale sia invece una storia estiva, e che in gruppo ci sia uno più scaltro di lui, uno solo, olandese, il suo nome è Hennie Kuiper. Sul podio, vicinissimo al nemico, Roger riuscirà a non guardare neanche per un attimo la maglia iridata di Kuiper. Non si fa. Sarebbe come ammirare la donna di un altro. Ci sarà tempo per conquistarla, pensa Roger. Non è vero, ma che importa? Basta il sogno, per mettere in fila i giorni e gli avversari. Tutti meno uno.

Ora non fa più freddo, sopra questa campagna italiana dalle zolle indurite. Bastava trovare il passo giusto, dare cadenza alle gambe e al respiro. Per Roger è una sciocchezza, un modo per mettere in tasca la busta di un altro ingaggio: meglio se in contanti, senza tante storie, come facevano i suoi nelle piazze. Questa è la merce, questo è il denaro. Da vent'anni, De Vlaeminck vende fatica. Cominciò in un pomeriggio del 1969, prima gara e prima vittoria, alla Het Volk. È arrivato un giovane mostro, pensarono tutti. E con quella folle baldanza andò al Tour, però le montagne non sono come i sentieri di pavé, lì non c'è modo di fare lo slalom tra gli spigoli. O si sale o si perde. E nelle corse a tappe, De Vlaeminck vinceva solo le volate, oppure scattava nei finali nervosi e non lo prendevano più. La classifica apparteneva ad altri, al Cannibale specialmente. Mica si può avere tutto. Ogni strada non porta a Roubaix, dove Roger ha forato solo tre volte in quattordici edizioni. Forse è una leggenda, ma lui ha sempre detto che è vero, che dipendeva dall'occhio capace di intuire i rischi nel terreno, l'asimmetria assurda dei sassi che captava in anticipo come un radar, per dire esattamente alle ruote dove mettersi.

C'è una strada segnata per ognuno, il difficile è trovarla. Adesso, il padre e il bambino si sono fermati in cima alla salita, tra gli alberi. Sanno che Roger sta arrivando. Ancora non lo vedono, però ascoltano il rumore delle ruote che arano la terra. Il bambino chiude gli occhi, un po' perché il sole è basso, un po' perché gli piace immaginare il vecchio campione che sale, ancora un momento e svolterà tra i pioppi. Eccolo. Per un attimo sembra fermarsi, è l'istante della tregua, della sofferenza appena spenta. È bello sentire la fatica che svanisce. Anche Roger ha gli occhi chiusi. Resta in ascolto del suo piccolo dolore.

FRANCESCO MOSER, 10 GIUGNO 1984

È stato contadino fino a diciotto anni, Francesco Moser, piegato sulla stessa terra che i suoi fratelli ciclisti aravano con le ruote della bicicletta. Aldo, il più vecchio, in sella ai tempi di Coppi, aveva addirittura vinto un Gran Premio delle Nazioni a cronometro davanti al leggendario Roger Rivière, e due Trofei Baracchi insieme a Ercole Baldini, l'Elettrotreno di Forlì. Poi Diego ed Enzo. Ci sono famiglie in cui tutti diventano macellai, per generazioni, oppure avvocati, oppure arrostiscono castagne perché è così da sempre, lo hanno fatto padri, nonni e bisnonni. I Moser da Palù di Giovo, Trento, sono ciclisti. Forse può diventarlo anche Francesco, un ragazzone, un frutto tardivo, forse troppo pesante per le salite che a Palù serrano ogni orizzonte. Lui è chiuso, sgobba e tace. Un giorno, forse.

Sgobbare, tacere, imparare dalle sconfitte. E ce ne sono state tante, nella carriera del campione più vincente nella storia del ciclismo italiano: 273 successi da professionista, solo in due al mondo meglio di lui, l'immane Merckx (445) e Rik Van Looy (371). Eppure, in questa mattina del 10 giugno 1984, Cecco Moser, detto lo Sceriffo, sembra ricordarsi solo delle beffe. Di tutti i Giri d'Italia persi come una maledetta catena di sant'Antonio, una sconfitta tira l'altra. E vede scorrere i volti di quelli che lo hanno lasciato indietro, a guardare la loro ruota: Michel Pollentier (1977), un belga assurdo che pedalava storto, non aveva quasi più capelli in testa e un giorno scoprirono che barava all'antidoping, una sacca di gomma sotto la tuta, un groviglio di tubicini per mandare nella provetta la pipì di un altro; oppure Johan De Muynck (1978), un fiammingo silenzioso e non certo baciato dalla grazia, però duro e spinoso come un pesce di scoglio; o magari Beppe Saronni (1979 e 1983), quello che vinceva quasi tutte le volate e sapeva vivere nel vento degli altri prima di incenerirli, però negli anni giusti filava anche in salita e a cronometro; o forse quel francese formidabile, Bernard Hinault (1980 e 1982), una specie di Moser programmato per arrampicarsi da padrone, non solo per danzare sulla strada. E se non c'erano i colossi arrivava comunque un altro, un ciclista quasi di passaggio, però fortissimo (nel momento sbagliato per Moser), come il veneto Battaglin (1981). Lo Sceriffo aveva sofferto per colpa loro, anche se in maniera diversa, con un dispendio di forze e illusioni senza tregua. Il Giro, per lui, finiva sempre in montagna, dunque a casa: la sua terra di contadino gli diceva che no, non gli apparteneva per niente. Andasse pure a conquistare altri pezzi di mondo, Francia o Venezuela che fosse, Olanda o Riviera dei fiori. Il Trentino no, in Trentino mai.

Il 10 giugno 1984 si parte da Soave (può mai essere ostile un luogo con un nome così?) e si arriva a Verona. È la cronometro che chiude il Giro d'Italia, e la maglia rosa ce l'ha sulle spalle un francese fortissimo, Laurent Fignon detto il Professorino per via degli occhiali rotondi e dell'aria vagamente intellettuale. Una potenza, il biondo che si lega il codino dietro la nuca come un chitarrista. Ha tolto di ruota Moser nella tappa di Arabba, infuriato perché il patron Torriani ha cancellato lo Stelvio dalla corsa il giorno prima, ufficialmente per colpa della neve; in realtà, pensano Fignon e la Francia intera, gli organizzatori stanno facendo di tutto per spianare il Giro e permettere finalmente allo Sceriffo di vincerlo. Così il Professorino attacca il terzultimo giorno, prendendosi tappa e maglia. Finirà come sempre, andrà tutto a ramengo, pensa Cecco. Ancora un volta le sue montagne lo respingono, eppure proprio in salita Moser era incredibilmente riuscito a vestirsi di rosa, sul Blockhaus abruzzese. Quel giorno sembrava la fine di un sortilegio, era come se Francesco Moser avesse finalmente trovato la leggerezza inseguita per tutta la carriera e si fosse liberato dal peso del corpo, da quella formidabile e tremenda trappola di muscoli. Invece, ad Arabba, i chili di Moser si materializzarono insieme al ricordo di coloro che lo avevano già battuto al Giro. La corsa più amata, la più desiderata e ostile.

E pensare che all'inizio della lunga storia, tutti erano convinti che il ragazzo di Palù di Giovo sarebbe prima o poi riuscito a conquistare una gara a tappe. Non poteva essere altrimenti per colui che al debutto al Tour de France, proprio il primo giorno, aveva saputo battere Eddy Merckx a cronometro. L'incredibile accadde a Charleroi, nel 1975. Gli organizzatori erano talmente sicuri che la prima maglia gialla l'avrebbe indossata il più forte corridore di ogni tempo, che l'avevano già preparata sul podio della premiazione: eccola, giallo canarino, con la scritta Molteni. Quando arrivò il giovane italiano per il bacio della miss, dovettero sostituire l'adesivo dello sponsor e mettere un altro marchio, Filotex, destinato a fare presto breccia tra gli appassionati della bici.

Sono giorni fantastici, per l'ex contadino con la schiena larga e le gambe possenti: vince due tappe, tiene la maglia gialla per una settimana (alla fine sarà settimo, mentre il Tour se lo prende a sorpresa un francese, Thevenet: per il Cannibale è l'inizio del declino) e conquista la classifica dei giovani. In quell'anno di grazia arriverà anche la prima, grande classica, il Giro di Lombardia.

Preparando la bicicletta dell'ultima crono, Francesco pensa che ogni corsa annulla la precedente e che niente, prima di questo traguardo, sembra più contare. Non il ricordo amaro delle sconfitte, non la serie favolosa dei trionfi. Eppure, i giorni stanno tutti in fila, chiedono di essere guardati ancora, come si fa con le fotografie di quand'eravamo ragazzi, belle da soffrirne. I giorni delle tre Parigi-Roubaix consecutive, solo De Vlaeminck nella storia ha saputo fare meglio sulle pietre che Cecco solcava come una moto, senza sentire la fatica, volando tra sassi e fango. Il pomeriggio nella pioggia a San Cristóbal, quando finalmente il sogno mondiale si realizzò e la maglia iridata fu un globo di luce bianca sotto un cielo d'inchiostro: era il 1977, e Moser si giocò il titolo allo sprint con il tedesco Thurau. «Mi accorsi che aveva finito la benzina, sapevo che lo avrei battuto.» Smise quasi di pedalare, Thurau, alla fine dello sprint, e subito presero corpo i sospetti. L'italiano gli aveva offerto dei soldi? Quanti? Le telecamere li inquadrarono a lungo, nel finale, mentre parlavano. Dopo qualche anno, Moser e Thurau dissero che l'accordo tra loro era semplice e pulito: facciamo la volata, e chi vince darà un po' di denaro a chi perde, come risarcimento. Di sicuro, nulla di simile era accaduto un anno prima a Ostuni, in Puglia, nel 1976, quando Cecco aveva perso la maglia iridata contro Maertens, un altro sprint di coppia ma quella era la specialità del belga. E nulla di simile sarebbe accaduto al Nürburgring, nel 1978, nell'ormai classico epilogo: due corridori arrivano a giocarsi in volata il titolo mondiale, e uno di loro è Francesco Moser. Invece quell'altro si chiama Gerrie Knetemann, olandese, non proprio un fenomeno, anche se ha la scorza dura di quelli che non mollano mai. Eppure lo Sceriffo è sicuro di batterlo. Knetemann è un regolarista, mica uno sprinter. L'azzurro e l'olandese s'infilano nella volata come dentro un imbuto, eccoli spalla a spalla, ora le schiene s'inarcano per il colpo di reni e Knetemann vince al fotofinish. Dieci centimetri: è la distanza che separa Moser dalla seconda maglia iridata consecutiva, mai nessun italiano c'era riuscito, neppure il memorabile Binda, e soltanto Gianni Bugno realizzerà l'impresa negli anni Novanta.

Provare, sperare, perdere. Anche ai campioni succede, e Moser l'ha imparato sulla sua pellaccia dura. Poi, però, a un certo punto della carriera ha incontrato un medico ferrarese, il professor Francesco Conconi. È stato nell'inverno del 1983. Questo Conconi è uno studioso, un personaggio singolare non privo di ombre, tra i primi a praticare l'autoemotrasfusione: si prende il sangue dell'atleta, lo si mette in frigorifero e lo si tratta adeguatamente, lo si «ricarica» d'ossigeno e infine lo si inietta di nuovo nelle arterie del legittimo proprietario. Una sperimentazione che nel 1985 verrà bandita dal Cio, il Comitato olimpico internazionale, ma due anni prima è addirittura finanziata dal Coni. Formalmente non c'è nulla di illecito, e Moser decide di percorrere la strada della scienza, senza troppo domandarsi quali siano i confini tra questa e l'alchimia. Non è solo una faccenda di globuli, c'entra anche lo studio di nuovi materiali per le biciclette e per il corridore: body, caschetti aerodinamici, integratori alimentari, ma soprattutto le famose ruote lenticolari, cioè «piene». Sembrano padelle e non hanno i raggi che tengono insieme i cerchioni ai mozzi. La ruota lenticolare – una specie di ala – offre una diversa esposizione all'aria, e produce una sorta di spinta. Nei rettilinei la stabilità è maggiore, dunque il ciclista può sprigionare più potenza. È quanto accade a Francesco Moser nel gennaio 1984 a Città del Messico, dove il trentino abbatte per due volte in quattro giorni lo storico record dell'ora di Merckx. Il secondo primato dello Sceriffo è addirittura spaziale: 51,151 chilometri percorsi da un alieno di quasi trentatré anni, età che per qualunque campione è l'inizio del declino. Invece Moser scopre di non essere mai andato così forte. Al punto da riuscire finalmente a vincere, meno di due mesi dopo, anche la maledetta Milano-Sanremo, arrivando da solo in via Roma. Dopo Bartali, Cecco è il più terribile vecchietto che si sia mai visto su una bicicletta.

Ma quanto conta, tutto questo, la sera di Arabba? Con quel francese in rosa, e quasi tutti i sogni frantumati? Siccome Moser è un uomo di ferro, il giorno dopo fa la volata a Treviso e conquista dieci secondi di abbuono, che gli permettono di limare un po' la classifica e sperare nella crono finale. «Io e il professor Conconi avevamo calcolato che da Soave a Verona avrei dovuto staccare Fignon di almeno tre secondi al chilometro: lui aveva un minuto e mezzo di vantaggio, io avevo quarantadue chilometri a disposizione. Potevo farcela.»

Ed è come se tutti i tifosi italiani spingessero Moser, dietro la sua bici. Fignon sostiene che quel giorno lo abbiano spinto, a distanza, anche le pale dell'elicottero della Rai, che volava bassissimo sopra lo Sceriffo e pareva un frullatore. Maldicenze? Mezze verità? E Torriani aveva davvero spianato apposta lo Stelvio? Di sicuro, l'attesa di Moser in rosa è un evento nazionale. Di suo, oltre alla solita potenza e alla rabbia delle tante sconfitte, Francesco ci mette anche il coraggio: cioè la scelta delle ruote lenticolari anche se non si corre in pista o in altura, come in Messico, ma su una strada dove le curve e il vento possono prendere a schiaffi le «padelle» e, nel caso, sbattere a terra il temerario che le cavalca. Naturalmente Moser accetta l'azzardo e spinge il motore al massimo, come se questo fosse il suo terzo record dell'ora, e in parte lo è.

Si arriva dentro l'Arena di Verona, dove hanno montato una spettacolare passerella. C'è il pubblico dei grandi concerti, e Moser è una specie di Pavarotti che urla a ogni metro. Il suo volto è una maschera, la sua velocità impressionante. Alla fine, lo Sceriffo stacca Fignon di due minuti e ventiquattro secondi, il Giro è suo. Come se nella vita non avesse mai perso. Come se non avesse mai vinto niente prima e meglio di così.

BERNARD HINAULT, 9 LUGLIO 1980

Il ciclista è solo, amato da uomini più soli di lui. Per capire Bernard Hinault bastava guardarlo, e si vedeva che era fatto della pietra delle cattedrali, o forse impastato con i massi che stanno in cima alle montagne dove non cresce neanche un albero, e sembrano tagliuzzare il cielo. Non era alto, era anzi piuttosto tozzo. E aveva le gambe corte. Questo, per un corridore, è uno strazio. Perché se la leva è breve bisogna spingere di più. Hinault si massacrò le ginocchia scaricando potenza come sacchi di carbone in una miniera.

La smorfia che gli sagomava il volto, seguendo le linee dello sguardo, raccontava la fatica ma di più l'orgoglio. Come se questo bretone ce l'avesse sempre con qualcuno, o con qualcosa. Del resto era così. «Io mi sento prima bretone e poi francese.» Bernard Hinault, anzi *Bernarinò* – un suono più che un nome – non era dunque abbastanza francese per farsi amare da una nazione che aveva voltato le spalle alla grandezza fredda di Anquetil per coccolare invece le sconfitte di Poulidor, lui sì vicino al popolo. Hinault non concedeva nulla alla platea, se non le formidabili vittorie che lo rendono il più grande tra i campioni dell'epoca moderna, quella che va da Merckx ad Armstrong; e se l'americano ha saputo prendersi sette volte il Tour, due più del bretone, Hinault ha, tuttavia, conquistato anche tre Giri d'Italia (su tre partecipazioni, non conoscendo mai il sapore della sconfitta) e quasi tutte le classiche, superiore in questo ad Armstrong, che con lui condivide una maglia iridata. Ma Hinault è stato un drago anche alla Vuelta, a Roubaix, al Lombardia (due volte), a Liegi, oltre ad avere trionfato per cinque volte al Gran Premio delle Nazioni, storico regno dei cronomen. Vinse Tour, Giro e Vuelta alla prima partecipazione, unico nella storia, forse irraggiungibile. Nell'albo d'oro assoluto è dopo Merckx, ma prima di Coppi, Anquetil, Bartali, Gimondi. Era grandioso da marzo a ottobre, non aveva un unico obiettivo (Armstrong e Indurain, invece, si concentravano solo sul Tour) e quello che voleva lo afferrava con ferocia assoluta. A Sallanches, nel 1980, la mattina di un mondiale tra i più impegnativi nella storia, un tracciato per scalatori d'acciaio, Bernard consegnò una bottiglia di champagne al suo massaggiatore, dicendo: «Mettila al fresco, più tardi si festeggia». E così andò.

Bernard Hinault è stato il ruvido sovrano di un ciclismo che stava cambiando, precipitato per sempre dentro una modernità anche chimica. «Ma io non ho mai vinto neppure una corsa grazie al doping: chi lo fa, è come se rubasse il pane.» Non è stato un cannibale, *Bernarinò*, e si è fatto voler bene dai colleghi più che dal pubblico. Il gruppo lo ha sempre riconosciuto padrone, non tiranno. Se lui diceva: «Oggi si protesta contro i trasferimenti troppo lunghi», i corridori del Tour decidevano di arrivare a piedi alla fine della tappa, e gli organizzatori ne prendevano atto. Però, mai un sopruso. Nella memorabile tappa dello Stelvio, al Giro del 1980, minacciato dall'incredibile Wladimiro Panizza, un ex gregario che lottava per la maglia rosa con la rabbia tenace di un vecchio e la commozione di un bimbo (quando a un certo punto si ritrovò primo, in attesa di essere spazzato via dal francese, si abbandonò a un pianto che non finiva mai in diretta tivù), Hinault mandò all'attacco in salita il compagno di squadra Bernaudeau, poi staccò gli altri e raggiunse il suo pedone, senza umiliarlo. Restarono insieme fino al traguardo di Sondrio, dove Hinault consegnò la tappa al gregario, prendendosi il Giro.

Aveva la faccia dura, Hinault, ma non era cattivo. Era deciso, e sempre sincero. Bernard, cosa pensi della Roubaix? «Una merda. Basta una caduta sul pavé e ti rovini la carriera, è una corsa assurda.» Uno sfregio, quasi una lesa maestà all'immagine della gara in linea più famosa del mondo. Anche questo, i francesi non lo potevano accettare da quel bretone nato a Yffiniac, un punto sulla carta geografica noto solo per le cipolle, prima che apparisse il ciclista scolpito nella pietra. «La vincerò una volta, e non la correrò mai più.» Così Hinault si prese la Roubaix proprio per potersene liberare, per ferirla di più che se l'avesse ignorata. Accadde il 12 aprile 1981. Erano in fuga in sei, compresi i draghi De Vlaeminck e Moser, sette trionfi in due. *Bernarinò* cadde, si rialzò, raggiunse il gruppetto, tentò il colpo a sorpresa, lo neutralizzarono. Nel velodromo di Roubaix rimase in testa per più di un giro, cominciò una volata lunghissima, attaccando come un kamikaze. Ma lo animava la rabbia di chi vuole prendersi la gara per ucciderla, e questo fu la sua vittoria con addosso la maglia iridata: un'esecuzione. De Vlaeminck arrivò secondo, Moser terzo. Il podio della terribile classica del nord non era mai stato tanto sontuoso, né lo sarebbe stato in futuro.

Ma tutto questo non era ancora accaduto, la notte del 9 luglio 1980. Hotel Continental di Lourdes, città simbolo del dolore, della speranza e dell'illusione, luogo di presunti miracoli e vere malattie. Devozione, disperazione: a volte sembra quasi la stessa parola. Anche un campione può essere trafitto dalla sofferenza e smettere di lottare. Non era questa l'abitudine di Hinault, che i francesi chiamavano le Baireau, il Tasso. Un animale strano. Il ciclismo aveva – e avrebbe avuto – camosci, aironi, leoni, aquile, stambecchi, scoiattoli, grilli, delfini, cobra, persino una pulce. Ma perché il tasso? Bestia legata alla tana, diffidente e guardinga, una palla di carne inespugnabile, pericolosa quando si difende. E Hinault sapeva chiudere ogni porta al mondo, dentro di lui non si doveva entrare. Si accontentassero di vederlo vincere, di non poterlo attaccare oppure di detestarlo. Ma che nessuno pretendesse di scalfirlo, conoscerlo davvero e tanto meno cambiarlo.

In quella prima parte del 1980, il bretone aveva già vinto il Giro di Romandia, la Liegi-Bastogne-Liegi e il Giro d'Italia. E nel suo palmarès c'erano due Tour consecutivi. Stava avviandosi alla conquista del terzo, lui quasi apolide, orgoglioso prodotto di una «piccola patria». Mezzanotte, dunque. Alla vigilia del tappone pirenaico, in maglia gialla a Pau, il fuoriclasse rivela agli organizzatori Goddet e Levitan che sta per lasciare la corsa. È in abiti borghesi. Il giorno dopo non correrà verso Bagnères-de-Luchon. In lacrime, e non gli accade mai, Hinault spiega che il ginocchio gli fa troppo male, è un tormento. Sa di non poter difendere la maglia gialla e preferisce fuggire da tutto, nel buio, anche dai cronisti. Ma cos'è davvero successo? Possibile che sia solo colpa di un'infiammazione?

Dopo trent'anni, la notte di Lourdes resta l'unico episodio in ombra di una carriera luminosissima. Bernard Hinault non l'ha mai chiarito. La spiegazione ufficiale: impossibile assumere cortisone, l'unico farmaco che potesse aiutare il bretone a proseguire la corsa. Perché il cortisone è doping. Ma si sussurrò che i medici del Tour, pur di non perdere Hinault, gli avessero permesso un po' di cortisone nella tappa verso Rouen. Una specie di «doping ufficiale», non per andare più forte ma per sopportare il dolore, che tuttavia gli altri direttori sportivi non avrebbero accettato. E Hinault non poteva rischiare di essere scoperto positivo a un eventuale controllo; ci fu anche chi sospettò che il bretone non fosse fuggito dal malanno al ginocchio, ma da prodotti dopanti ben più gravi del cortisone, che insomma si trattasse di una copertura. La leggenda del ciclismo tramanda che l'incontro decisivo tra il campione e gli organizzatori sia avvenuto nelle cucine dell'Hotel Continental, per dare meno nell'occhio, ed è lì che Hinault sarebbe crollato e poi fuggito. Aveva chiesto medicine? Immunità? Impunità? Difficile credere una cosa del genere, considerando il resto della sua storia di corridore e il suo orgoglio, la sua fierezza di fuoriclasse che non si piega a manovre poco chiare.

Ma quella notte, quando la maglia gialla scomparve di

sua volontà e senza preavviso, si pensò addirittura a una fine anticipata della carriera, a un male oscuro, a qualche segreto che non si sarebbe mai potuto svelare. Oppure, si credette che solo il bisturi avrebbe messo fine ai dolori al ginocchio, però un ginocchio operato non può sprigionare la stessa potenza di prima. Il bretone tacque, nel silenzio della sua tana. Decise di placare l'infiammazione e concentrarsi solo sul mondiale di Sallanches, in casa sua, su un tracciato da forzati della strada che lo stesso Hinault avrebbe suggerito agli organizzatori. Una beffa, ormai? La gamba malata avrebbe retto il peso di quel circuito assassino?

Lo resse eccome. Sotto un cielo gonfio di nuvole, *Bernarinò* corse all'attacco straziando gli avversari sulla salita di Domancy. Fino a un certo punto gli resistette l'azzurro Baronchelli, l'ultimo ad arrendersi. Davvero una corsa alla Merckx, quella di Hinault. Tre anni più tardi, il suo ginocchio dovrà essere davvero operato, ma anche da quell'avventura il bretone uscirà davanti al gruppo, come in una tappa di montagna, tornando più forte di prima. In undici stagioni da professionista ha vinto 214 volte (tra cui 29 corse a tappe), quasi sempre dominando, con una potenza rude e antica. Personaggio estremo, di scorza vera e spessa, Bernard Hinault è stato unico anche nell'addio. «Mi ritirerò il giorno del mio trentaduesimo compleanno», aveva promesso quattro anni prima. E lo fece, staccandosi senza pietà da quella parte di se stesso che si sentiva ancora forte, più forte di chiunque. Anche se i fuoriclasse faticano a non voltarsi: Coppi non seppe smettere, Armstrong è tornato dopo tre anni di bella vita.

Non così Hinault, l'ultimo degli invincibili. Chiuse la carriera nel 1986, a novembre, con una grande sagra paesana nella sua tenuta di campagna a Quessoy, naturalmente in Bretagna. Per l'unica volta nella sua vita, il Tasso era uscito dalla tana.

GIUSEPPE SARONNI, 16 OTTOBRE 1990

È rimasto nel cuore del gruppo fino a Superga, la gobba di terra che uccise il Grande Torino. Poi è scivolato dietro. «E se anche avessi avuto la forza di rimanere con i primi, mai avrei rischiato la pelle in discesa nell'ultima corsa della mia vita.» Giuseppe Saronni, calcolatore fino in fondo. E anche sincero. Quando viene l'ora, bisogna sapersi dire addio a ciglio asciutto.

Saronni non sorrideva quasi mai e mandava gli occhi altrove quando lo fissavano per sapere, per chiedere, per indagare. Il suo mistero era chiuso in lui come la palla di muscoli del suo corpo da gatto, appena un metro e settantadue per sessanta chili; in questo, assomigliava a Girardengo (infatti Fiorenzo Magni lo battezzò Girardenghino), un nodo impossibile da sciogliere. In bicicletta appariva quasi tondo, chiuso come un pugno pronto per essere sferrato. Questo è la volata: un cazzotto. Lo sprinter sa di averne a disposizione uno soltanto, deve preparare il colpo per centinaia di chilometri controllando gli altri e se stesso, tenendosi al riparo dal vento, dagli attacchi a sorpresa, dalle montagne, dalle cadute, infine cercando le posizioni migliori in testa al gruppo negli ultimi chilometri, quando la vittoria o la vita possono andarsene all'improvviso per un minimo scarto, perché uno spettatore ha messo la testa in fuori, perché c'era una buca, perché quello davanti ha frenato di colpo.

Il velocista è un uomo solo. Forse, anche più dello scalatore. Chi fugge in montagna si tuffa nell'immane fatica, cadenza il suo passo, soffre e spinge. Ma se ha forza, andrà. Il rischio, a quel punto, è non farcela, non tagliare bene le curve in discesa. Invece lo sprinter può essere sconfitto anche se è il migliore, basta un centimetro in meno, l'alone sul bordo del fotofinish: l'unica fotografia dove, forse, si vede l'anima. Lo sprinter è solo con i suoi dubbi, con la paura di non scegliere bene il tempo, o la ruota giusta da seguire prima di abbandonarla nell'ultimo guizzo. Lo sprinter si mette nella scia di qualcuno, e sa di avere altri nella propria, è una giostra di vento e ombra, un torneo di gomiti e codate. Dev'essere furbo, anzi, il più furbo. Ma dev'essere anche fortunato. Gli serve l'istinto, perché ai settanta all'ora nell'ultima curva non si ragiona: si sente, e si va. E mai pensare, mai considerare l'ipotesi della caduta, di una leva dei freni conficcata nella carne, di uno spigolo di pietra che può spaccarti il cranio. La vita dello sprinter è chiusa nei millesimi di secondo come dentro un sacco. Il prototipo perfetto di questa categoria, nel ciclismo moderno, è lo spagnolo Oscar Freire Gómez, tre volte campione del mondo su strada (1999, 2001 e 2004) e tre volte primo alla Sanremo, chiamata non per nulla il mondiale di primavera. Fuoriclasse e tattico eccelso, Freire non ha mai sbagliato un metro di gara e ha saputo sbocciare come un fiore dalle ruote degli avversari.

Anche Beppe Saronni era così, e per questo non piaceva a tutti. Le folle amavano semmai Moser, e quel suo modo guascone di correre. Francesco Moser, grande, grosso, emotivo. Giuseppe Saronni, piccolo, scaltro, furbissimo. Moser davanti, con il petto contro il vento. Saronni dietro, ad aspettare l'attimo. Moser polemico e sanguigno, Saronni silenzioso e sfuggente. Moser più vecchio, Saronni professionista a neanche vent'anni. Non potevano amarsi, potevano solo dividere i tifosi. E questo accadde, dalla fine degli anni Settanta alla metà degli Ottanta. Senza tregua e senza sconti.

«Eravamo come due fratelli, uno giovane e l'altro meno, che hanno sempre bisogno di sfidarsi a braccio di ferro per sapere chi è più forte», raccontò un giorno Saronni. Il fratello più piccolo arrivò come un terremoto nel ciclismo, vincendo subito. Era talmente veloce, tra i dilettanti, che cercarono una deroga per farlo passare professionista e liberare quell'istinto feroce da predatore. Debuttò nel 1977, e pochi mesi dopo arrivò secondo alla Sanremo dietro il campione del mondo Maertens. Lo stesso che lo avrebbe beffato nel 1981 sul traguardo iridato di Praga, l'azzurro favoritissimo, il belga a fine carriera. Ma quella volta Saronni fu fregato dalle rivalità interne, la squadra non lo amava, Moser al solito gli correva contro e i gregari non lo difesero abbastanza. Si arrivò in volata, e i compagni lasciarono Saronni troppo solo. Lui, che si sentiva un prodigio, per una volta non fece di conto e si gettò in uno sprint lunghissimo, estenuante, cominciato nel solito modo un po' ingobbito, liberando una serie di scatti elettrici, e poi mulinando i pedali di potenza come si fa in pista. Ma pure Maertens possedeva l'anima da pistard, e si trasformò in quello che Saronni era da sempre, un calcolatore spietato, una sagoma nascosta nel buio. E dal buio dell'azzurro, dietro lo scuro di quella maglia danzante e già quasi ferma in cima alla volata – la maglia di Beppe Saronni – il belga estrasse il colpo del sicario e andò a vincere il suo secondo mondiale. Per l'italiano fu tremendo anche solo capire cos'era successo. Poco protetto, aveva sbagliato lui per troppa foga, per precipitazione. La volata non perdona.

Dentro la sua palla di muscoli, Saronni custodiva una giovinezza esplosiva. Era come se non potesse trattenerla, come se fosse costretto a sfogarla in ogni strada, e in ogni corsa. Nel 1979 diventa uno dei più giovani vincitori del Giro d'Italia, a soli ventun anni e mezzo, quasi come Coppi. È goloso, è smanioso. Quando annusa l'aria dello sprint, cioè la sua vera vita, non pensa alla classifica ma cerca il boccone, vuole ingoiare senz'altro la corsa (al Giro del 1980 si prende sette tappe, così). Questo forse lo consuma, perché Saronni è un calcolatore ma non un risparmiatore: la forza è una miniera da scavare ogni giorno, per estrarre più oro che si può. Riuscirà a vincere un altro Giro d'Italia nel 1983, eppure a venticinque anni è già logoro, la pedalata comincia a farsi pesante, il guizzo dell'ultimo metro s'appanna. Ci sono epiloghi, nel ciclismo, fulminanti e misteriosi. Inspiegabili. Come quello di Baldini. Come quello di Beppe Saronni.

«Oggi pioveva, ai lati della strada non c'era tanta gente ma quella che c'era mi ha applaudito.» Sul podio della Milano-Torino, il 16 ottobre 1990, Saronni sa di dover raccontare l'ultima gara della sua vita. Ha scelto così, dopo anni di declino inesorabile e improvviso. Medici e fisiologi parlavano di valori normali, e nessun intoppo in quel motore che fu il più prodigioso al mondo, ma lui sentiva che dentro qualcosa era esaurito, prosciugato. Il penultimo Giro d'Italia era stato una sofferenza. La gente gridava il nome di Saronni, ma non appena passato lo canzonava. Venne staccato di quasi tre quarti d'ora a cronometro. In salita arrancava tristemente, e il pubblico lo chiamava vecchietto. Pareva sempre più grasso, come esploso in larghezza. Non era più il caso, veramente, di mostrarsi così. E pazienza per gli ingaggi, che a fine carriera erano ancora assai alti. Eppure, chi resta non lo fa solo per i soldi. È difficile dire addio alla parte migliore di sé, alla più giovane, a quella che vinceva e rendeva felici. Fausto Coppi non seppe liberarsi dal maleficio, e neanche Bartali, che la gente chiamava vecchiaccio pur essendoci, nella parola, una sfumatura di stima, il riconoscimento della cattiveria e del veleno che ancora stillava dalle gambe di Gino. Moser, addirittura, tornò alla gloria quando pareva perduto, sposò la scienza estrema, il cambio del sangue, la biomeccanica, montò su una bicicletta simile a un Ufo e si prese il record dell'ora: il colpo definitivo, per Beppe Saronni. «Quel primato non è tutto il ciclismo», commentò. Ma negli occhi di gatto introverso c'era il peso di un'altra sconfitta.

Per tutta la sua breve, intensa e magnifica carriera, Saronni dovette incassare le accuse di freddezza e opportunismo. Il suo rivale Moser non mancava mai di ricordarlo, anche se un giorno avrebbe ammesso: «Se avessi avuto le doti di Beppe in volata, non avrei tirato un metro in nessuna corsa, sarei stato peggio di lui». Ma è proprio questo che Saronni non accetta: che si pensi che il velocista non soffra, non fatichi e campi invece sul lavoro altrui, come un parassita. Al contrario, lo sprinter è ammalato di dubbio, non vede l'ora che trascorrano gli inutili chilometri prima della volata, sa di avere una sola carta da giocare. Il passista staccato in salita può sempre recuperare; lo scalatore in difficoltà in discesa può ancora sfruttare l'ultima rampa di un altro colle; ma il velocista non ha nulla, se non il traguardo. La riga bianca segna la fine. Della corsa, degli avversari o di se stesso.

Eppure, c'è stato un giorno in cui Beppe Saronni è uscito dall'ombra del gruppo senza aspettare l'ultimo metro. Il giorno in cui tutti lo volevano campione del mondo, un anno dopo la beffa di Praga. E lui non deluse. Quella volta in Inghilterra, a Goodwood, nel 1982 (la nazionale italiana di calcio aveva appena vinto la Coppa d'oro al Bernabeu), Beppe Saronni smise di essere una specie di Paolo Rossi del guizzo estremo e si prese invece la corsa con un gesto di potenza unica, la famosa fucilata rimasta nella storia a sublimare un'intera carriera.

Si era dunque all'ultimo chilometro. Il Bearzot della bici, l'eterno commissario tecnico Alfredo Martini, aveva saputo stringere la squadra attorno al gatto più veloce del mondo, e persino Moser (iridato cinque anni prima in Venezuela, pure lui dopo avere sofferto a suo tempo per colpa di Maertens) lavorò per il rivale con inappuntabile dedizione. Forse c'era un destino in quest'essere legati a Maertens. Anche Saronni si sarebbe preso la sua rivincita, come aveva saputo fare Francesco? Oppure, quel mostro crudele di Moser avrebbe ripetuto l'agguato del 1978 al Nürburgring? In Germania era accaduto che Saronni si trovasse in fuga con Hinault e Raas. E non potendo ovviamente inseguirlo, Moser convinse i belgi a farlo, pagandoli, si disse, di tasca propria. Fantasie?

Nell'ultimo chilometro inglese, l'americano Boyer sta galleggiando in testa, avanti di pochi metri, e il suo compagno LeMond già lo incalza. Dopo un crocicchio, la strada comincia a salire. Di poco, appena il tre per cento di pendenza, quanto basta per imballare le gambe oppure esaltare la freschezza di chi ancora ne ha. Tutti aspettano che Saronni si piazzi a ruota dell'irlandese Kelly, con la sua maglia verde prato, oppure resti semplicemente davanti a controllare. Ma che non parta troppo presto, come un anno prima.

E invece lui parte, accidenti se parte. Così secco, così istantaneo che neppure le telecamere colgono l'istante. A un certo punto, dopo una curva, ecco Saronni solo. E non è una volata, è una fuga dentro lo spazio fisico – duecento metri – riservato di solito allo sprint. Un capolavoro. Sul traguardo di Goodwood, si può dire che Saronni vinca una volata per distacco, inaudito in un mondiale. Invece la rasoiata a freddo spinge LeMond e Kelly a tre secondi che diventano metri, e non pochi. Quanto basta all'azzurro per alzare le braccia e godersi una solitudine alla quale non è abituato. La solitudine dello sprinter è qualcosa che, semmai, accade prima: è attesa. Invece, la solitudine del campione in fuga la si comprende mentre succede, è contemporanea al gesto, non lo prepara perché è il gesto stesso.

Quel giorno, in Inghilterra, Beppe Saronni si trasforma. E la maglia arcobaleno gli dà una forza nuova, persino superiore, con la quale vince il Giro di Lombardia, poi finalmente la Sanremo, anche lì da solo, poi il secondo Giro d'Italia. Quattordici mesi di pura grandezza, ma anche il preludio della fine, della miniera che si svuota. Al Tour, Saronni va solo una volta, in chiusura di carriera, quasi per respirarne l'aria. Il resto del suo tempo sarà opaco. Qualche raro colpo di lama, qualche codata, ma pure la malinconia di stagioni vissute tra piccole vittorie nei circuiti di paese, un paio di tappe al Giro di Norvegia, fuori e lontano da tutto. Perché la fine arriva come vuole, e non te lo dice prima.

Una cifra, soprattutto, illustra la grandezza diseguale di Beppe Saronni: 170 delle sue 195 vittorie da professionista le ottenne prima del 1984, cioè fino a ventisette anni di età (oltre a 49 giorni in maglia rosa). E di anni ne ha trentatré, il pomeriggio d'autunno in cui scende da Superga a Torino frenando senza risparmio, verso un traguardo che non vedrà la sua volata. Quella corsa senza storia la vince un ticinese, Mauro Gianetti. Il formidabile Saronni, uno dei più precoci campioni del ciclismo del dopoguerra, il nemico giurato di Moser, arriva otto minuti dopo, al centottesimo posto. Gli daranno una targa, lo abbracceranno, gli chiederanno parole superflue. E vedranno due occhi lucidi, dentro una faccia da bambino invecchiato.

GIANNI BUGNO, 13 MAGGIO 2009

Come siamo piccoli, visti da quassù, pensa Gianni dentro la sua scatola volante. Quanto eravamo piccoli.

Il rumore dell'elicottero copre tutto, cancella ogni altro suono e quasi si sovrappone al pensiero. Magari, fosse così anche in bicicletta. Lì non c'è tregua, il cervello è un martello. Gianni Bugno avrebbe voluto solo silenzio, e solitudine. Invece i dubbi gli urlavano dentro, si gonfiavano a ogni pedalata. Se vado in fuga, magari mi riprendono all'ultimo chilometro. Se domani penso di vincere, magari piove. Se mi gioco la corsa all'ultimo metro, magari perdo al fotofinish. Se provo a fuggire da lontano, magari buco una gomma sul più bello. Se interrompo lo scatto di un altro, magari ne approfitta il mio avversario. Se, se, se.

Più che un corridore (e lo era, magnifico), più che un campione (e lo era, assoluto), Gianni Bugno è stato un enigma. Nessuno poteva mai essere sicuro di cosa gli si agitasse dentro, o magari sì, le sue ombre erano evidenti, però era impossibile prevederne lo sviluppo: a volte si squarciavano all'improvviso come il cielo d'agosto durante i temporali, ma più spesso si addensavano in altro buio, in altra tempesta. Oppure, quando davvero diluviava, a Gianni passava la voglia di pedalare e scivolava in fondo al gruppo, nel freddo, prendendosi in faccia tutto il fango degli altri. E mai un sorriso, neppure sul podio, neppure quando la sua ruota era irraggiungibile.

Adesso Gianni vola nel suo desiderato spazio di solitudine. Fa l'elicotterista. «Perché da bambino sognavo di volare, e perché non potrei vivere di rendita.» Il suo mestiere è l'elisoccorso. «Molto bello, ed è utile agli altri.» Turni di quindici giorni filati, e gli altri quindici a casa. Dalle sette di sera alle sette di mattina. Il suo Agusta AB412 lo aspetta sulla pista come un'enorme bicicletta, che però non bisogna spingere e si alza in un istante, senza peso. I corpi degli uomini, in quel momento non contano più. Niente dubbi, niente paure. Solo andare. E niente parole.

Gli occhi siberiani di Gianni Bugno guardano verso il basso, dove la strada s'infila nel verde e ogni colore si confonde. Una volta all'anno, il lavoro cambia. E Gianni diventa elicotterista della Rai al Giro d'Italia. Il suo compito è fare da ponte per le riprese televisive: se non ci fosse l'antenna del suo elicottero, le sagome dei ciclisti rimarrebbero qualcosa da immaginare o da ascoltare alla radio, come tanti anni fa. L'elicottero, in qualche modo, li fa esistere. Gianni Bugno è il pilota di questa apparizione, lui che invece è scomparso nel giorno del ritiro, nel 1998. A trentaquattro anni si può dire basta, e lui lo fece con la solita tristezza. Anche perché era stato coinvolto in una storia di caffeina, prima condannato e poi in parte perdonato, nulla di clamoroso ma quanto bastava per dire stop. «Ho sbagliato, ho pagato, ma dovrò pagare per sempre?» si chiese. E pensò che quel mondo non sarebbe più stato il suo.

Poi, Gianni e la bici hanno incominciato a fare la pace da lontano, come animali che non vogliono attaccarsi ma non si fidano l'uno dell'altro. Quassù le distanze sono giuste, l'assenza non è totale e la presenza non ferisce: dal cielo, i ciclisti sono macchie nel fondovalle, l'elicottero li accarezza da lontano con la sua ombra, con il vento alzato dalle pale. Tutti sanno che lui c'è non essendoci, invisibile ma concreto, con la sua tuta da pilota e gli occhiali scuri, gli stessi che metteva in bici: gli occhi è meglio non farli vedere, e quando sono così azzurri – tra il grigio e il bianco – la luce fa anche più male.

La tappa oggi non è lunga, in montagna è quasi sempre così. Appena 125 chilometri dal passo Rolle all'Alpe di Siusi, tra sentinelle di pietra. Si corre dentro una cartolina, dalle cime del Trentino ai prati di velluto dell'Alto Adige, subito il passo Rolle, poi quella che chiamano la strada del vino, verso Caldaro. È il 13 maggio 2009, e Gianni Bugno vola seguendo le montagne, ne disegna il profilo con l'ombra del suo elicottero. Mettevano dolore, nel pedalarle. Anche se lui sembrava salire quasi senza fatica, macinando il rapporto lungo con stile impeccabile, una figura elegante e solenne che qualcuno chiamava Cipresso. Le spalle non dondolavano mai, e raramente si alzava sulla sella. Andava con il passo potente dei campioni, non gli scalatori puri ma gli assi che non sentono la catena, quelli come Coppi, Merckx, Indurain, Armstrong. Le motociclette umane. Gianni Bugno non lo sapeva, non voleva saperlo, ma nei giorni giusti era come loro. Lo era stato nel 1990, quando vinse all'Alpe d'Huez trentotto anni dopo Fausto, che Gianni chiamò nonno Coppi. Era una delle tappe leggendarie del Tour, e Bugno aveva questo modo strano di affezionarsi ai traguardi: se uno gli piaceva proprio, non gli bastava essere primo una volta sola; ci tornava come in vacanza l'anno dopo, per prendersi di nuovo quel traguardo. Accadde anche all'Alpe d'Huez, dove Bugno vinse pure nel 1991. Senza sorridere, naturalmente. «Mi sentirò un campione solo quando sarò in maglia gialla a Parigi, se mai accadrà.» Non accadde.

I ciclisti sembrano bizzarri e colorati insetti, mentre Gianni li guarda dall'alto, tra le nuvole. Ora si stanno arrampicando verso l'Alpe di Siusi. Nessuno di loro è un nome o un volto. Nessuno di loro, da quassù, è qualcuno. Sono tratti grafici sulla strada che sale, una processione di formiche. È comodo osservarli così, come nell'oculare di un microscopio: non persone ma organismi, puntini che si agitano sul vetrino, code di spermatozoo, cellule che provano a dividersi. Unità di solitudine. Non c'è dolore, non c'è rumore. Solo questo elicottero che cancella tutto. È come quando il sonno finalmente arriva.

E c'erano notti in cui non arrivava mai. Gianni le sopportava fissando il soffitto, dove si perdevano le traiettorie del suo sguardo, quando il buio inondava la stanza. Non c'era verso. La tensione se lo mangiava come una bestia sempre affamata, così gli bruciava gli zuccheri nel sangue e lo lasciava vuoto, un guscio di ciclista con gli occhi cerchiati, rassegnato già al mattino. Poteva fare a meno di salire in bici, dopo notti così. Ci saliva lo stesso perché il mestiere è mestiere, e la sua maschera assumeva il classico tratto dell'enigma. A chi gli domandava qualcosa, un segno, un sussulto, una mezza parola qualsiasi, Gianni ripeteva sempre: «Vedremo». Anche se lui, dentro di sé, aveva già visto tutto.

Gianni è nato in Svizzera, a Brugg, nel cantone Argovia. In qualche modo, uno singolare, fin dall'inizio. I suoi genitori lo riportarono in Italia, a Monza, all'età di tre anni e aprirono una lavanderia. Lui ha cominciato a farsi smangiucchiare dalla tensione quand'era ragazzino, anche se in bici volava. In quarta liceo decise di smettere con i libri per provare a correre sul serio. Chissà se ho fatto bene, si domanderà tante volte. Perché la testa di un atleta è un mondo misterioso, un labirinto dove nessuno si orienta davvero. E certi ciclisti sono ancora più indecifrabili, chiusi come nella tomba di loro stessi, mai un sorriso, mai un indizio. Per certi versi, anche Coppi era così. Perché a volte c'è qualcosa di tragico nella grandezza, come l'ombra di un presagio. Una voce che solo il campione sente, e sa ascoltare. Ci sono corridori come universi remoti, e Gianni Bugno è stato uno di loro. Irraggiungibile. Famoso per le interviste a monosillabi, sempre cadenzate dalla stessa parola: vedremo. Esistono suoni, nel profondo, come sussurri impossibili da zittire. Parlano nella notte, quando il sonno non viene. Parlano in bicicletta, dove il tempo è un tremendo elastico e non c'è altro da fare, pedalare e pensare, pedalare e penare. A un certo punto della sua storia di atleta, Gianni Bugno cominciò a sentire sul serio quel brusio, soprattutto in discesa: non era paura, era altro. Labirintite. Conseguenza, pare, della caduta che lo costrinse al ritiro nel Giro d'Italia del 1988, a Rodi Garganico. Perché guarisse da quel rumore lo curarono con la musica. E il brusio fu cancellato da Mozart. Da allora, non c'è giorno che Bugno non lo ascolti. Ogni sventura, in fondo, porta con sé un po' di bellezza.

Gianni ha sempre pensato che le parole sono un di più. Forse perché deve convivere con quelle che ripete da solo, e a forza di ascoltarsi ci si può sfinire. In sella, specialmente. Poi la voce grida: «Vai, vai adesso!» e allora Gianni obbedisce. Non ci crede, ma obbedisce. E il suo demone si libera, scappando verso il traguardo, approfittando di un padrone distratto. Succede al Giro dell'Appennino del 1986, quando il ragazzo Bugno riesce a battere addirittura Moser. Succede, meravigliosamente, alla Sanremo del 1990 con quella lontana fuga sulla Cipressa. Succede al Giro d'Italia dello stesso anno, quando il campione chiamato enigma indossa la maglia rosa il primo giorno, nella brevissima crono di Bari, e se la leva soltanto a Milano: primo sempre, in tutte le pedalate dentro l'Italia, come avevano fatto solo Merckx, Binda e Girardengo. Il demone gli scappa dalla gabbia anche al Giro delle Fiandre 1994, quando Gianni batte Johan Museeuw in fotografia dopo avere mangiato chilometri e pavé, lui che pure, a differenza del belga, non è uno sprinter. Il suo avversario lo stima al punto da chiamare Gianni il suo bambino, Gianni Museeuw che magari fa un po' sorridere, ma dimostra cosa sia Bugno per gli altri corridori. Forse, dell'italiano apprezzano soprattutto il silenzio, e l'eleganza di ogni gesto. Lui non alza mai la voce con i gregari, non cerca vendette. Se vince, è una faccenda con se stesso, non con il gruppo. E per il resto lo lascino stare, niente di meglio che essere altrove.

Il demone di Bugno è un animale dispettoso e disubbidiente. Lo scherzo più beffardo lo fa al suo padrone il 25 agosto 1991, quando si corre il mondiale a Stoccarda. Bisogna sapere che Gianni detesta i circuiti. Quel continuo andare, per tornare sempre allo stesso punto, lo disorienta come una giostra. La ripetitività lo frastorna. Ed è troppo il peso verso la squadra, verso i compagni che sgobbano per te: e se poi alla fine li deludi? Quasi sempre, in corsa, lui dice ai gregari di non badargli, che non sta bene ed è vero, o meglio, è falso ma lui lo crede vero. Non ha fiducia in se stesso, o forse non conosce la sua vera forza, la sua classe di cristallo. Anche quella volta, in Germania, dove pure Bugno è favorito, chiede di non aspettarsi nulla da lui. Anche se quando scatta sull'ultima salitella, si capisce che nessuno ha nelle gambe tanta forza, neanche il grande Indurain che lo tallona insieme al colombiano Mejia e all'olandese Rooks. Gianni non è un velocista, ma questo gli tocca fare, come la prima volta all'Alpe d'Huez contro LeMond, come succederà fra quattro anni con il belga volante.

Ultima curva, sotto lo svincolo della tangenziale. Poi il rettilineo e il traguardo. Lo spagnolo che ha vinto il Tour aspetta l'unghiata dell'azzurro e Bugno, a sua volta, attende qualcosa. «Pensavo che avrei potuto forare, pensavo che ero il più forte in volata ma gli altri avevano tirato lo stesso. Passato l'ultimo chilometro, pensavo che qualcuno poteva scappare e io avrei dovuto tappare il buco, e così facevo il gioco di un altro. E poi pensavo che se perdevo, dopo che la nostra squadra aveva tenuto in mano la corsa, passavo per il re dei pirla.»

A duecento metri dallo striscione, finalmente Bugno parte. Di potenza, come sa fare quando la voce del dubbio si zittisce ed è tempo solo di spingere. Indurain cede, il colombiano neppure esiste, è già tanto che sia arrivato lì. Solo Rooks non molla. E qui accade l'incredibile: perché Gianni, sempre così incerto su se stesso, a due metri dal traguardo pensa bene di togliere le mani dal manubrio per farsi una specie di applauso, e poi sollevarle verso il cielo. Lo capisce l'olandese che guizza disperato, e l'illusione ottica lo dà vincitore. È un momento di ghiaccio. «C'è fotofinish?» domanda il ct azzurro Martini, bianco come un cencio. No, non c'è bisogno, Gianni è veramente campione del mondo anche se stava per bruciare tutto. Forse, voleva fare uno scherzo al demone.

E la cosa pazzesca è che l'anno dopo succede di nuovo: non la beffa, il mondiale. Non le mani alzate troppo presto, la maglia iridata. Si corre in Spagna, a Benidorm, un posto orrendo tra i grattacieli in riva al mare. Come sempre, un odioso e noioso circuito, come sempre Bugno che non crede in se stesso e si ritrova nel gruppo dei migliori che si giocheranno il titolo all'ultimo metro. Come l'altra volta, uno sprint per lui che non è un velocista. Oggi c'è un francese kamikaze, Jalabert, che parte lunghissimo e vuole strappare tutti da ruota, al solito c'è Indurain davanti ai suoi tifosi, e al solito c'è Gianni che neanche vorrebbe comprare il biglietto della lotteria. Glielo prende un compagno, glielo mette in tasca il gregario Perini che lo pilota al centro del gruppetto e gli tira una volata sontuosa. Gianni fila quasi per forza d'inerzia, mentre Jalabert cede. L'azzurro lo passa e va a vincere, ovviamente senza sorridere. Eppure, ha appena combinato qualcosa di enorme: mai nessun italiano era riuscito a mettere la maglia iridata per due anni di seguito, neppure Binda che pure ne prese tre. Ne sarà capace, un decennio più tardi, Paolo Bettini che, in quanto a demoni, non scherza neppure lui.

«Sarò un vero campione solo se vincerò il Tour, la corsa più bella che c'è», ripete Gianni il freddo a chi gli domanda se finalmente è lui il più grande. «No, il più grande è Indurain che meritava il mondiale a casa sua, mi spiace non ce l'abbia fatta. Pure Jalabert lo meritava.» Ancora il dubbio, ancora la prigione dell'incertezza. «Non ho la tessera del partito dei pessimisti, però sono un simpatizzante. Credo che a staccarsi da terra ci si faccia troppo male, ricadendo.» Ecco perché un giorno ha deciso di volare e basta. Ora che i ciclisti stanno arrivando all'Alpe di Siusi, sgranati come chicchi, Gianni guarda dall'elicottero quei puntini, e la sua vita com'era.

MIGUEL INDURAIN, 20 SETTEMBRE 1996

Fa un rumore strano, lo scarpino del ciclista, quando picchia sull'asfalto. È un suono asimmetrico e zoppo, colpa delle placchette sotto la suola. Miguel Indurain non l'aveva mai ascoltato prima della fine di una gara. Mai, prima della fine.

Settembre, in Spagna, sa essere infuocato come un luglio qualunque. Ma quando gronda umidità come una spugna strizzata, le ossa del vecchio campione possono soffrirne. Succede di colpo, la fine non è abituata a farsi annunciare, non ha valletti, sbriga da sé il suo sporco lavoro. «Nel mezzo della corsa, all'improvviso, ti sentirai stranamente solo: come un re in battaglia che, voltandosi indietro per impartire gli ordini, non scorge più il suo esercito, dissoltosi per incantesimo nel nulla. Questo momento terribile verrà. Ma quando?» Lo scrisse Dino Buzzati, all'inseguimento di segni e incubi lungo la strada dei ciclisti. Questo terribile momento verrà.

La Vuelta è aria di casa, per Miguel Indurain, campione olimpico a cronometro. Un giorno come quello di Atlanta non credeva più di prenderselo. Accade il 3 agosto 1996, una quarantina di giorni prima: lui vince davanti a Olano e Boardman. Olano, colui che nel 1995 gli aveva tolto da sotto il naso la maglia iridata su strada; Boardman, quello del record dell'ora. Ma in America, Indurain è riuscito ad arrampicarsi sulle pareti del pozzo. Dodici secondi in meno di Olano dopo cinquantadue chilometri, appena un sospiro, quanto basta per la medaglia d'oro. Vai sul podio, ti metti la mano sul cuore, ascolti l'inno spagnolo e capisci che la tua storia è compiuta. Lo capisci senza tante storie, senza enfasi, perché tu sei fatto così. Un uomo semplice, serio, forse un po' severo. Un uomo tranquillo.

Eppure era proprio questo, di Miguel Indurain, che non piaceva a tutti: troppo normale negli atteggiamenti, lui che invece in bicicletta era Superman. Ma Indurain voleva la libertà di togliersi la maschera da eroe, e appoggiarla sul comodino. Mai una parola che non fosse prevista, mai una polemica, mai un gesto esagerato. «Il mio mestiere è vincere, ma so che devono vincere anche gli altri.» Così, senza ingordigia, si prendeva il Tour de France (cinque volte dal 1991 al 1995), senza interessarsi alle tappe. Avido solo del tempo, gli bastavano le cronometro per rubarlo tutto, e il resto della corsa era difendersi. Mai nessun ciclista ha vinto il Tour pesando tanto (ottanta chili) ed essendo così alto (un metro e ottantotto), ed è stato come trascinare massi sulla cima della montagna. Miguelón se li metteva nello zaino e via, metro dopo metro, la schiena un po' sollevata con il suo inconfondibile stile. Un motore prodigioso, costruito per sviluppare potenza. E quando la strada tornava a scivolare come un tappeto verso l'orizzonte, nessuno al mondo pedalava così. Perfetto in pianura, immobile e aerodinamico, rotondo e fluido in ogni gesto.

Non si arrabbiava mai. Anzi sì, una volta: quando un comico televisivo, al Giro d'Italia, per uno sketch cercò di sgonfiargli una gomma. Non si scherza con il lavoro, disse Miguel, furente. Per il resto, una sfinge. «Vedi sul giornale una foto di Indurain e non sai se gliel'hanno scattata alla partenza o dopo l'arrivo», spiegò Thierry Marie, una volpe di corridore. Impossibile decifrare i segni della fatica sul volto del Navarro, incorniciato da capelli nerissimi. Pareva non soffrire mai, perché aveva capacità di recupero prodigiose e un cuore da museo della scienza: 28 battiti a riposo, uno ogni due secondi; Fausto Coppi – che pure era un fenomenale bradicardico – arrivava a 40, Merckx a 44. Dopo uno sforzo, le pulsazioni di Indurain scendevano da 160 a 60 in mezzo minuto; gli altri erano ancora in affanno, e lui già pronto a scattare. Perché certi fuoriclasse devono ringraziare soprattutto la natura per i doni ricevuti: il cuore di Miguel, enorme, pompava 500 centimetri cubi di sangue a pulsazione, facendo circolare 50 litri al minuto, circa il doppio di una persona normale. Strabiliante anche la capacità polmonare: 7,8 litri, contro i 5,8 di un buon sportivo. Inoltre, Indurain trasferiva ossigeno ai muscoli in brevissimo tempo (88 millilitri per ogni chilo di peso corporeo al minuto), aveva 550 watt di potenza alla «soglia anaerobica», senza che i muscoli venissero intossicati dall'acido lattico. E mai un malanno, neppure un raffreddore, durante i cinque Tour vinti: 115 giorni di gara in perfetta forma. Anche così si spiega un fenomeno.

Ma arriva comunque il giorno in cui l'esercito svanisce nel nulla, alle spalle del re. Era già successo, in quel 1996, il 6 luglio, quando il Tour salì a Les Arcs. Sembrava una tappa dura ma normale, di quelle che Indurain aveva sempre gestito senza intralci. Un occhio alla classifica e un altro, quasi distratto, ai fuggiaschi di giornata, gli arrampicatori in cerca di gloria. Per nulla al mondo Miguelón avrebbe impedito loro di raccoglierla in cima alla vetta, come una stella alpina protesa sull'abisso. A lui bastava la classifica generale, perciò non aveva nemici in gruppo. Un sovrano, Miguel Indurain, non un despota sanguinario. Ma quel pomeriggio qualcosa non funzionò. Forse la respirazione, forse fu la sete: a un certo punto, già scivolato lontano dai primi, Indurain comincia a voltarsi in cerca dell'ammiraglia e di una borraccia. Mima il gesto di una bottiglia che versa dell'acqua invisibile, è quasi grottesco quel suo essere così scomposto. Qualcuno pensa: «Finalmente, anche Miguel Indurain è umano!» Ma lui lo è per altre cose, per come ha sempre vissuto la grandezza sportiva senza enfasi. Scrisse «El País», dopo il quinto Tour consecutivo: «In un Paese come il nostro, tanto portato alla logorrea, ai gesti fatui e al protagonismo urlato e triviale, la fatica professionale di questo uomo tranquillo, che è entrato nella gloria del ciclismo ed è senza dubbio il miglior sportivo spagnolo di tutti i tempi, è semplicemente causa di orgoglio. [...] Si indovina una morale dello sforzo, una vocazione al rigore e al superamento personale, nonché una sobrietà e una modestia che potevano sembrare valori ormai estinti». Quasi un'orazione civile.

Davvero, questo navarro figlio di umili contadini del villaggio di Villava, è riuscito a rovesciare molti cliché. Ad esempio, il ritratto classico dello spagnolo in bicicletta, scalatore nervoso, leggero come un camoscio, amante delle vette e impacciato in pianura. Il ciclista tutto estro e cuore, capace di grandi voli e precipitose cadute, sempre attore drammatico e mai interprete freddo, misurato. Miguel Indurain ha scelto la normalità. Non si può essere come non si è. «Il Signore moltiplicò i pani e i pesci perché non aveva scelta, non per darsi delle arie», dice Miguel.

In bicicletta somigliava ad Anquetil (che pure era personaggio mondano) per stile e strategia. Quasi gemelli, i due, nella grandezza a cronometro e nella gestione delle salite, il territorio altrui. Il francese era più leggero e «morbido» in corsa, più etereo anche nell'immagine; più terreno e possente il Navarro. Eccolo però quasi gonfio, nella tappa calvario di Les Arcs. Sale che sembra ingrassato in pochi metri, è il peso della sua pedalata a deformarlo, sono le gambe sudate e la bocca che si apre e chiude a scatti, cercando prima aria e poi acqua. Indurain ha messo il rapportino corto, i pedali girano e lui sta quasi fermo, si è imballato ma deve pur arrivare in fondo. Le crisi dei grandi corridori si assomigliano tutte, sono evento raro e dunque memorabile, è come se il corpo del campione non gli appartenesse più e fosse la zavorra di un altro. I lineamenti del viso, pure quelli cambiano. Nella crisi, l'asso è il gemello sconosciuto di se stesso.

Anche se Miguel l'aveva veramente un fratello, in mezzo al gruppo. Come Coppi. Un fratello chiamato Prudencio, nome che sarebbe stato assai più adatto a Miguel. «In corsa siamo solo compagni però la sera, in camera, possiamo parlare della nostra famiglia, della casa, del paese, e allora la nostalgia è meno forte.» Neppure Prudencio, nella tappa dell'improvviso crollo, può fare nulla. Alla fine, quel Tour lo vincerà il danese Riis, che qualche anno dopo rivelerà di essersi dopato: con i ciclisti non si sa mai. Non era un fenomeno, Riis, e nel motore aveva benzina truccata. Non sono stati dei mostri neppure i corridori che Indurain ha battuto in quei cinque trionfi francesi: Bugno, Chiappucci, Rominger, Ugrumov e Zülle. Secondo alcuni, la grandezza di Indurain va tarata anche sull'assenza del vero, grande rivale. E va ridimensionata per la mancanza di successi nelle classiche, che pure Miguel avrebbe potuto vincere, specialmente le più lunghe e impegnative: la Roubaix, il Lombardia, il Fiandre, forse la stessa Sanremo. Invece, solo due secondi posti al mondiale, nel 1993 dietro un giovanissimo Armstrong e nel 1995 dietro Olano, oltre al terzo posto di Stoccarda 1991, dove vinse Bugno. Ma Indurain era programmato per il Tour e basta, proprio come Lance Armstrong che da lui raccolse il testimone.

«Tu semini e raccogli, rispettando il buono e il cattivo tempo, il sole e i temporali: me l'ha insegnato mio padre, perché la bicicletta è come la campagna.» La moglie Marisa, il fratello Prudencio, i genitori contadini, la fattoria alla Cuenca, vicino a Pamplona, duecento ettari coltivati a cereali, i tre figli Miguelito, Anna e Jon, il suo negozio di biciclette, l'aria da bravo ragazzo anche adesso che fa il commentatore televisivo. Chi lo conosce, giura che è lo stesso di quand'era bambino e vinse a undici anni la prima corsa in bici per i colori del Club Ciclista Villavés: «Un bocadillo y una Fanta, y eso me gustó» (un panino e una Fanta sono bastati a farmi contento: questo il premio per la vittoria che inaugurò la serie, in totale le vittorie da professionista saranno 111). E mai un'impresa clamorosa, mai una concessione alla platea. Perché, Miguel? «Perché bucare il muro con un dito, se hanno inventato il trapano?»

Ogni tanto, qualche dubbio. «Scendo di sella, mi guardo le mani che hanno stretto il manubrio e mi dico che con quelle mani non ho costruito niente che durerà, nessuna cosa, nessun oggetto.» Ma anche vincere, anche dannarsi in bicicletta è costruire. Anche lanciarsi sulla pianura come su una tavola apparecchiata, per mangiarsi strada e tempo. Se poi quella strada sale, qualcosa accadrà, ci sarà modo di vincere ugualmente. Lo ripete, Miguel, anche il 20 settembre 1996, tredicesima tappa della Vuelta. Qualche giorno prima, come al Tour di luglio, aveva un po' annaspato in montagna, sull'Alto del Naranco, dove in pochi metri aveva perso più di un minuto da Zülle, antico rivale, non certo uno scalatore. Ma oggi, sulla salita di Lagos de Covadonga, dopo un lento penare sull'Alto de Mirador del Fito (in Spagna, persino le anonime gobbe portano nomi altisonanti), la crisi è stata completa, assoluta. Una cosa mai vista, come se il ricordo della medaglia d'oro olimpica fosse precipitato indietro di millenni, per non dire le gialle cavalcate al Tour.

Il re ha ancora un esercito attorno a lui, o quanto ne resta, ma con la mano fa segno ai compagni di andare, è finita, non ha più bisogno di loro. Quasi non respira. Si vede che Miguel non sta bene: è il malanno di un giorno, oppure la meravigliosa storia si chiude? Ora Indurain è in fondo al gruppetto degli staccati, corridore qualunque. Nella cronometro di Avila, qualche giorno prima, ha preso freddo; e lui, che non si ammalava mai, ha cominciato a tossire. La gola brucia, le gambe di piombo. La memoria, qualcosa da cancellare. Il tempo, il ritmo dei giorni, c'è una stagione per tutto. Gli uomini semplici lo sanno. Quel tempo verrà, ma quando?

Ed è così che il Navarro si ritira a venticinque chilometri dall'arrivo: non ci saranno altre occasioni. È così, con la stessa naturalezza di quando trionfava, un attimo e un secolo fa, che Miguel Angel Indurain Larraya, nato a Villava il 16 luglio 1964, corridore ciclista tra i più grandi della storia, tira le leve dei freni e scende di sella. Sull'asfalto, un rumore di passi asimmetrico. Tutta la vita lo è.

LANCE ARMSTRONG, 9 AGOSTO 2009

Il campione è sempre inquieto, si danna per non morire d'assenza. Dopo l'ultima corsa non resta che cercarne un'altra, e un'altra ancora. Finché il tempo non scadrà davvero, però quel giorno non è ancora arrivato. Lance Edward Armstrong è tornato, è guarito, ha vinto, ha smesso, ha ripreso, ha conosciuto il suo primo Giro d'Italia e l'ennesimo Tour de France. Adesso mette nuova vita in valigia e parte per il Colorado, dove il 9 agosto 2009 si corrono a Snowmass i campionati regionali di cross country, cioè mountain bike su terreni misti, in circuito. Quasi un gioco, per Lance, che cominciò a pedalare da ragazzo con il triathlon e che in qualche modo torna sulla bizzarra bicicletta di E.T. Forse perché è lui, l'extraterrestre.

Porta con sé domande e speranze, e altro futuro. Ripensa a Parigi, pochi giorni fa: ha ancora addosso i rumori dei Campi Elisi, i flash delle macchine fotografiche che lo pungevano come spilli allegri, tutti scattano foto per fermare il tempo, ma uno solo ci riesce, ed è lui. Parigi così bella. Così bella, e già finita.

I suoi bambini, la sua nuova donna, il piccolo appena nato, si chiama Max ed è stato concepito come tutti, come i figli degli uomini sani e incorrotti dal male. Stasera Lance Armstrong sente appena un velo di stanchezza, qualcosa di morbido e opaco che assomiglia al vino e all'amore. È arrivato terzo al Tour de France, dietro a due ragazzi e davanti a tutto il mondo. Lui, che ormai ha trentotto anni. Lui, che era stato fermo tre, sceso di sella per un addio invisibile e irrevocabile, ma poi è tornato come un sopravvissuto che ancora sogna. Voleva essere vivo.

Primo Alberto Contador, secondo Andy Schleck, terzo Lance Armstrong da Plano, Texas, classe 1971, l'uomo che vinse la Francia e la malattia, gli avversari e la notte, smise e riprese, l'uomo che pensava di sapere tutto di sé, invece aspettava l'ultima risposta. Ma adesso, che succede adesso? Cosa c'è oltre il limite? Dove finisce, se finisce, il tempo?

«Le possibilità sono contro di lui», disse l'oncologo Craig Nichols dopo la diagnosi dell'autunno 1996, tumore maligno al testicolo con metastasi a polmoni e cervello. Ma Lance Armstrong non aveva ancora tempo per morire. Si fece operare, si lasciò scavare e avvelenare dalla chemio, decise di non usare una certa sostanza – la bleomicina – che per salvarlo gli avrebbe provocato danni polmonari irreversibili, e preferì invece l'ifosfomide, più doloroso e debilitante nel breve periodo, ma alla lunga meno tossico. Rischiò di curarsi meno, per non farsi massacrare nelle sue profondità di campione: non accettò che un'eventuale vittoria contro il cancro sconfiggesse il grande atleta, e il suo sogno. Voleva, insomma, sopravvivere o morire intatto, e così andò: visse e vinse, senza concedere al male neppure un atomo di sé. Anche se, alla fine, le cure lo consumarono e lo asciugarono, mutandogli il carattere e non solo il corpo: ne venne fuori un ciclista molto più magro e leggero, rispetto alla potentissima macchina che aveva sconquassato il ciclismo al suo primo apparire, trionfando in quel mondiale a Oslo nel 1993, e in quella tappa del Tour a Verdun, nello stesso anno, quando lui diventò il più giovane vincitore del dopoguerra. Lance Armstrong, un fenomeno da classiche in linea, un passista destinato alle grandi corse di un giorno, non a quelle che pretendono un mese di sofferenza. Ma il destino sa giocare, così come un corpo sa cambiare.

Ed ecco Armstrong alla Vuelta del 1998, guarito ma prostrato, dopo una deludente Parigi-Nizza, quarto in Spagna dopo avere vinto il Giro del Lussemburgo: una corsa piccola, una cosa minima eppure gigantesca, per lui. La prova che il corpo non muore, e un vero campione al massimo s'addormenta. Eccolo presentarsi al Tour 1999 con le sembianze del caso umano, e invece ha la sostanza del dominatore. Sa di poter vincere a Parigi, e comincia a farlo nel prologo a Le Puy du Fou, poi nella favolosa cronometro di Metz e sui monti del Sestriere, diventando l'aquila che nessuno avrebbe mai sospettato. Lance si prende il suo primo Tour, nove anni dopo l'altro americano Greg LeMond. E lui sa che è solo l'inizio.

Sette trionfi consecutivi dal 1999 al 2005, le perle di una collana, le rime di una filastrocca. Una cadenza formidabile. Nessuno, in salita, aveva mai mulinato i pedali come lui, più agile di uno scalatore e più regolare di una macchina. Un fenomeno atletico: il cuore di Armstrong pulsa il doppio del normale, i muscoli quasi non producono acido lattico, i polmoni spingono nel sangue uragani di ossigeno. E il cervello, il cervello sconfisse il male assoluto, dunque non può farsi spaventare da qualche avversario in bicicletta, né dalle rampe di una montagna appuntita. Neppure il Monte calvo, il Ventoux, dove la pietra sembra neve tanto è bianca e abbacinante, ferma la corsa di Lance. Qui, nel 2000 duella con l'ultima grandezza di Pantani. Qui, nel 2009 sa difendere il suo terzo posto in classifica, un podio che vale quasi più delle sette maglie gialle.

Com'è tranquilla, quest'ultima sera francese. Finalmente si può cenare bene, e bere un po'. E dormire, domani, fino a tardi. Finché non si accenderà il solito pensiero, come un lampo che illumina il vuoto: cosa fare, adesso? Cos'altro inseguire? Lance ha vissuto un Tour grande e strano, coabitando all'Astana con un fuoriclasse come Alberto Contador, corridore grandissimo, l'unico che in futuro potrà forse avvicinare il primato del texano, però troppo ingombrante per restargli ancora accanto. In Francia si sono fatti ombra e qualche dispetto, ora è tempo di separarsi. Anche perché Armstrong ha preparato una squadra tutta sua, la RadioShack, insieme al fratello di ciclismo Johan Bruyneel, molto più di un direttore sportivo e di un allenatore. L'ha guidato dall'ammiraglia in tutti i giorni di quest'infinito presente chiamato Francia: ottantatré volte in maglia gialla, venticinque volte vincitore. E la leggenda è tutta alle spalle, nei cinque Tour di Anquetil e Merckx, di Hinault e Indurain. Ognuno di loro, gigantesco, ha vinto due Tour meno di Lance. Anche se Merckx non viveva pensando solo a Parigi, ma si dannava e vinceva da marzo a novembre; invece Armstrong, da quando è riemerso dalle profondità del male, corre per il Tour. In questo 2009 della sua terza vita, ha conosciuto per la prima volta anche il Giro d'Italia: l'hanno invitato perché sia l'attrazione speciale, sapendo che lui si allenerà per la Francia. Alla fine si piazza dodicesimo, risultato comunque importante per chi era rimasto tre anni giù di sella, tra mondanità e capricci da levarsi. Proprio la bella vita, alla fine, ha stancato Lance. Poteva ritrovarsi, ed essere di nuovo interamente se stesso, solo cavalcando un telaio colorato, due ruote sottili come coltelli e lucenti come pietre preziose.

Allora Armstrong ha chiesto proprio tutto, al suo corpo. Si è preparato come un fachiro visionario, ha conosciuto il tremore di chi sta nuovamente in gruppo temendo di cadere (e cadde, infatti, il 23 marzo 2009 in Spagna, rompendosi la clavicola), ha accettato ancora il martello dei temporali e il sole implacabile, ha conosciuto il mal di schiena delle cronometro e la vertigine delle picchiate verso il niente, e l'asfalto più nero della notte. Poi la luce è stato lui, quasi quarant'anni ma non importa, se vuoi puoi volare.

Ha rischiato il patetico: niente di peggio che non saper accettare il tempo che passa. Ha raccolto la sfida e l'ha vinta, perché neppure un gesto è stato fasullo. Gli hanno controllato il sangue e persino i capelli un giorno sì e l'altro pure, cercando il trucco della siringa, perché i francesi hanno sempre pensato che le sovrumane imprese di Armstrong dipendessero anche da qualche alchimia. Oppure, che la forza supplementare gli derivasse dai farmaci che aveva assunto per non morire, come l'Epo. «Assurdo: quelle medicine mi stavano uccidendo, altro che doping!» Due anni, durò la guerra, infine il cancro morì. Non c'erano, i suoi accusatori, il giorno in cui Lance affrontò di nuovo una salita in bicicletta, e venne superato da una signora che andava quasi a passeggio. Non c'erano, quando gli mancò l'orizzonte e svenne, collassando per troppa fatica. Non c'erano, quando andò a depositare il seme per figli che magari non avrebbe mai visto, e forse sarebbero nati dopo la sua morte. Non c'erano, quando solo sua madre Linda ne vegliava le notti come da bambino, e il padre naturale lo aveva abbandonato e il patrigno lo picchiava a colpi di pagaia. Non c'erano, quando a San Sebastián, nella sua prima gara da professionista, arrivò ultimo nella tempesta (avevano già smontato l'arrivo e tolto le transenne), ma Lance non si ritirò e non si arrese: mai l'avrebbe fatto. Non c'erano, quando un medico gli disse: «Sì, purtroppo siamo sicuri, è un cancro». E neppure quando un altro medico gli spiegò come gli avrebbe aperto la testa per strappargli i fiori del male che gli stavano crescendo sotto il cranio. Nessuno c'era mai stato, e nessuno c'era adesso, in questa vittoriosa e strana solitudine che segue l'ultimo trionfo, e fa sentire languida la carne e irrisolta l'anima.

Ora Lance pedala nei sentieri vicino ad Aspen, una specie di Svizzera americana dove bellezza e natura si confondono con ricchezza e mondanità: ma quando sgobbi in sella, sei sempre nudo e povero, esposto alla violenza dello sforzo. Armstrong è affezionato alla mountain bike perché è così che ha deciso di tornare a correre, scoprendo di non essere finito. Nel 2008, le pedalate tra i rovi e i sassi gli avevano ridato il gusto di sognare il Tour, e levarsi qualche anno da quell'ombra di rughe che gli disegnano il viso come una piccola, crudele matita. O forse è la vertigine di un figlio piccolo, nuovo di zecca. O la voglia di dimostrare alla tua donna che sei sempre un ragazzo, e questo resterai.

Lance Armstrong pedala forte e deciso, trasformando le gobbe delle salite in un Izoard. Sa di dover andare in fuga prima della picchiata tra gli alberi, perché lì gli specialisti delle acrobazie sul fango lo befferebbero; e allora se li strappa di dosso quando il sentiero piega in alto, tra gomiti e storte da alambicco. È un momento, e gli altri non lo vedono più. Lo ritroveranno al traguardo, sul podio dove Lance Armstrong sta già indossando la maglia di campione del Colorado di cross country. A suo modo una piccola Parigi, perché Parigi è ovunque ci sia qualcosa da sognare. E domani, vecchio Lance, il tempo avrà altro tempo per te.

PAOLO BETTINI, 14 OTTOBRE 2006

Impenna la bici, Paolino. Così gli altri si spaventeranno e tu volerai. Gliel'aveva detto il fratello Sauro, quando lui aveva solo sette anni e stava per correre la sua prima gara. Una bici ancora fresca di vernice per un bambino con addosso la maglia del Gruppo Sportivo La California, però non siamo mica in America, siamo a Cecina, in Toscana, tra le pinete e il mare. Il bambino è gracile, un tipo elettrico. Per tenerlo fermo, babbo e mamma dovrebbero legarlo. Paolo ha il sangue acceso e scintille negli occhi: occhi che vedono solo Sauro, 17 anni, il suo idolo, il suo dio. Sauro è un ciclista vero e vince le corse. Sauro dice che agli altri bisogna mettere paura, prima di pedalare. È il 1981, la primavera non sembra più lunga di questo rettilineo pieno di ragazzini con il caschetto in testa.

Paolino impenna la bici, alza la ruota davanti quando il giudice con la giacca blu dà il via alla corsa. Però cade. Si sente uno sciocco, ma di più arrabbiato. L'asfalto brucia quando lo raschi con la gamba nuda. Poi rimonta in bici, per fortuna non s'è rovinata, è ancora bella scintillante. La nuvola degli avversari è laggiù, in fondo alla strada, quattro pedalate senza respirare e Paolino li raggiunge. Se stai volando, perché smettere? Il ragazzino sente che le gambe vanno da sole. Scivola nel vento e vince. Quell'anno gli succederà altre 23 volte su 24, senza neanche un'impennata.

Il suo Sauro è contento, il bimbo va persino più spedito di lui. Gli insegnerà tutti i trucchi, fuorché la pazienza: Paolo non ce l'ha dentro e mai l'avrà. Si sente talmente più forte di tutti che scatta anche quando non dovrebbe. Scatta quando è davanti, e l'aria gli picchia sulla faccia; scatta quando dovrebbe rifiatare; scatta quando il traguardo è troppo lontano; scatta quando gli avversari partono a ripetizione, e mica è il caso di andare a prenderli tutti. La cosa che più gli dà fastidio è stare intruppato con gli avversari, nel gruppo dove se sbagli cadi. Meglio scattare, e rivedere gli altri al traguardo. Ogni domenica sera c'è una coppa in più sulle mensole del salotto. Neanche Sauro, il suo dio, ne ha mai vinte tante.

Insieme a Sauro va a consegnare la merce su e giù per l'Italia, in furgone, saltando la scuola. Si tengono compagnia, parlano di biciclette e ragazze. Sauro lo porta a veder passare i rally sui colli di Sanremo, partono in due sulla moto da Cecina e dormono nel sacco a pelo. Uno così, non è solo un fratello: è il cartello indicatore di tutta la tua vita. Ti dice dove andare, e come essere contento.

C'era Sauro, dopo la linea bianca del campionato mondiale a Salisburgo, il 24 settembre 2006. Quando papà Giuliano strinse forte Paolo e gli sussurrò: «Adesso che hai vinto tutto, puoi anche smettere». Paolo non aveva parole, era tramortito dalla maglia iridata che si sarebbe infilato su quel corpo rimasto bambino, un metro e sessantasette per sessanta chili, il piccolo guscio di una grande forza. Lo chiamano il Grillo per questo, perché è leggero ma soprattutto per come salta in gara, per come non smette mai di saltare. Il suo ciclismo è una scossa continua. «Il mio ciclismo? Un gran casino!»

Sauro disse che i festeggiamenti a La California li avrebbe organizzati lui, come sempre, come due anni prima, quando Paolino era diventato campione olimpico ad Atene, il 14 agosto 2004. Una corsa identica a tutte le altre, per strappare gli avversari uno a uno come i petali di un fiore magnifico, m'ama o non m'ama, e veramente il ciclismo lo ama, anche se ce ne ha messo di tempo, Paolino, per arrivare. Anche se per anni lo giudicavano solo un buon gregario in cerca di gloria ogni tanto. Ma poi il Grillo si mise a saltellare ancora più sghembo, e spiazzò tutti: andò a prendersi la Liegi-Bastogne-Liegi, una vera classica, nel 2000, dopo tre anni da professionista. E vinse anche una tappa del Tour de France, a Dax. Qualcosa di insolito, per un portatore d'acqua. D'ora in poi, lo disseteranno gli altri.

Quando vince l'Olimpiade (fa il vuoto in salita, e batte in volata il portoghese Sérgio Paulinho, l'unico che avesse resistito), gli mettono in testa una corona d'alloro, come ai campioni dell'antichità. Sauro pensa che Paolino è un po' buffo, conciato così. Avranno un motivo in più per ridere con gli amici, a casa. Si sa che ai toscani basta poco per essere allegri e canzonare, e Paolino è un toscano fin nel midollo, è schietto, focoso, dice sempre quello che pensa e talvolta lo dice ancora prima di pensarlo. Gli piace vivere come corre, d'istinto, e gli piacciono i motori. Con i primi soldi si compra un'auto sportiva e poi un'altra. La velocità è il demone del corridore: chi non la ama non sarà mai un campione, semmai pedalerà come un arrotino.

La sera di Atene, in quel caldo torrido in cui è bello lasciarsi stordire, Paolo Bettini pensa che ormai gli manca solo il mondiale. Ha vinto la Sanremo, e un'altra volta a Liegi, si è preso traguardi al Giro e al Tour. Gli manca l'iride che sfiorò nel 2001 a Lisbona, dove vinse lo spagnolo Freire. Ma un giorno la porterà a casa, quella maglia bellissima.

Il giorno, quando arriva, non è mai come l'avevi immaginato. Certamente bello, bellissimo: però alla fine del sogno hai ancora voglia di sognare? Riuscirai a trovarne un altro? Paolino sa che la bicicletta è mestiere, si deve spingere e basta. Ora, lui è il più grande di tutti e dovrà rimanerlo. C'è una strana stanchezza, stasera a Salisburgo, non solo la fatica della corsa. È come una storia che finisce, e non sai dove andrai a parare. Non è stata una gara difficile, Paolo l'ha vinta di puro estro come lui sa fare. Tutti i migliori insieme all'ultimo chilometro; ai settecento metri scatta Sanchez, inseguito dal compagno Valverde che lo va a prendere come se non fossero tutti e due spagnoli: è la mossa che permette a Zabel, ma soprattutto a Bettini, di accodarsi, e così Valverde diventa il gregario di chi lo befferà. I quattro hanno un lieve vantaggio, una manciata di terreno. Basterà. A duecento metri dal traguardo, Valverde s'inchioda e scatta Zabel, in teoria il più veloce, ma il Grillo è già sulla sua ruota e lo brucia. Elettrico e rapace, com'era da bambino. Campione del mondo, finalmente, e senza impennare la bicicletta.

Poi si torna a casa con la maglia dell'arcobaleno, e domande nuove sul futuro. Va bene, dice Paolo, ci penseremo. Prima la festa, e riposare un po'. Dopo, se ne avremo ancora la forza, il Giro di Lombardia vinto un anno fa. Passa una settimana, e Paolo si sente intorpidito. Il trionfo non è facile da smaltire, è come una bevuta che non evapora dalla carne. Finché la sera di lunedì 2 ottobre, otto giorni dopo Salisburgo, squilla il telefono. È quasi mezzanotte. Paolino, vieni subito, Sauro ha avuto un incidente con la macchina. Succede a due passi da casa. Il fuoristrada sbanda, non si capisce come, e picchia su un cordolo di cemento. L'auto è impazzita e il suo Sauro è morto.

Gli fanno il funerale due giorni dopo, il 4 ottobre. Paolo non ha più niente in testa, figurarsi la bici. Anzi, ha deciso di smettere. Troppo dolore, troppa solitudine, e poi che senso avrebbe senza suo fratello? Gli era sempre rimasto accanto, un'ombra amica sul bordo della strada, un dito puntato verso di lui. Paolo lo vedeva con la coda dell'occhio, e lo salutava. Sauro portava alle corse anche il figlio Francesco, undici anni, pure lui corridore.

Il padre lo prende da parte, lo guarda negli occhi e gli dice: «Otto giorni fa sono stato io a parlarti del ritiro. E adesso ti dico di continuare, perché così vorrebbe Sauro». Senza bisogno di troppi discorsi, Paolo torna in sella anche se sente male dappertutto. Ha radunato la squadra, i gregari più fedeli. «Ragazzi, se non smetto è per Sauro. Ma ricordiamoci che ogni cosa possiamo perderla in un momento.» Vanno ad allenarsi in silenzio. È irreale ascoltare Paolo che parla così e fissa il vuoto con occhi liquidi. Ma questo è il mestiere, questo è il destino e bisogna accettarlo.

In fondo alla sala della conferenza stampa, prima del Giro di Lombardia, ci sono i genitori e la moglie Monica. Anche loro ascoltano Paolo che spiega come domani correrà senza sapere niente di sé. Non crede di essere tra i favoriti, non sa come reagirà la testa. Dice, con voce tremante, che ci sono momenti in cui non ha niente dentro, e altri in cui la forza misteriosamente ritorna. Ma poter vincere un Lombardia in questo stato gli sembra troppo. Ripete di non avere smesso con il ciclismo solo in memoria del fratello. «Però non chiedetemi come andrà.»

La corsa è sempre un segreto da svelare. Nessuno lo conosce, prima di viverlo. E quando Paolo raggiunge le prime rampe del Ghisallo, capisce di esserci ancora. Scatta, per valutare la reazione degli altri e di se stesso. Con lui restano i migliori: Di Luca e Rebellin, poi Boogerd e Schleck. È il 14 ottobre 2006. Da dieci giorni, Sauro è sottoterra. La chiamano la «classica delle foglie morte», ma è una parola che Paolo non può sopportare, non adesso che tutto gli ricorda quello che c'era e quello che si perde, il tempo che vola, gli affetti che non torneranno. Era bello infilarsi nel sacco a pelo sotto le stelle e non dire niente. E se qualcuno parlava, doveva essere Sauro. L'alba arriverà presto, grideranno i motori delle auto da rally. Un rombo che amava anche il suo amico Franco Ballerini, il ciclista che vinceva a Roubaix, il commissario tecnico che guidava gli azzurri verso la maglia iridata: anche lui morto in auto come Sauro. Anche lui svanito nella sua passione.

Nella discesa verso Erba, riescono a rientrare altri corridori. Adesso sono in dodici davanti. Ma, sulle rampe del Civiglio, Bettini scatta ancora per rispondere all'effimero attacco di Danilo Di Luca: l'abruzzese cederà presto. Il Grillo salta da un tornante all'altro; lo insegue, con scarsa convinzione, il tedesco Wegmann, però, sulla salita di San Fermo della Battaglia, Bettini se lo leva di dosso. Adesso è solo, mai questa parola ha avuto un senso più ambiguo. «Sembravo solo: con me c'era Sauro, sentivo la sua presenza, oggi avevo quattro gambe e non due», dirà Paolo.

Nessuno può dimenticare la picchiata di Paolo Bettini verso il traguardo: uno spettacolo terribile, quasi una vertigine suicida. La bicicletta s'inclina a ogni curva, e il campione del mondo allarga le ginocchia per avere un contrappeso. Si butta senza freni a pelo di guardrail, sfiora i muretti, le siepi, i pali della luce, le persone, le case, gli alberi, le ringhiere, tocca le pareti di pietra con i gomiti. Non è solo una corsa, un Giro di Lombardia, è una picchiata verso il vuoto per sfuggire al vuoto. Paolo Bettini appare solitario e intoccabile, portentoso e dolente. Il precipizio è un ricordo, ma anche un dovere. Nessun'altra corsa, mai più, sarà come questa, neppure il secondo mondiale che vincerà a Stoccarda nel 2007.

Adesso Paolo è in fondo al Lungo Lario Trento, il rettilineo d'arrivo, dopo sei ore di corsa. Bacia la maglia iridata, indica il cielo con le dita, come Armstrong a Limoges nel 1995 ricordando Casartelli, poi mette le mani sul viso. Infine libera uno sguardo pieno di lacrime. Adesso finalmente può piangere. Adesso che è proprio tutto finito, qualcosa può ricominciare. Il ciclista è un dolore, un solitario mistero. Ma non siamo soli, dice Bettini, proprio quando lo siamo di più.

MARCO PANTANI, 27 LUGLIO 1998

Ma chi sono questi tizi che lui non ha mai visto? Cugini lontani, sconosciuti. Gli hanno portato una vecchia foto di suo padre Ferdinando detto Paolo, in bicicletta, da giovane. La corsa sta per partire e Marco Pantani biascica qualcosa, poi gli scappa un «grazie, non sapevo». Piove a Grenoble, e fa freddo. Lui detesta un tempo così.

È bella e strana la sua bici. Una classica Bianchi, con il telaio celestino come quello di Coppi, ma lui l'ha voluta anche gialla, il colore del Tour: gialla la sella, e parte dei tubi, e il profilo dei cerchi. Gialle sono pure le sue scarpette, quasi fossero disegnate da un creatore di cartoni animati. Perché Pantani è un po' così, irreale e fantastico, un personaggio precipitato da qualche remota fantasia. I colori che porta addosso stamattina sono lucidati dall'acqua, brillano di riflessi chimici e accendono l'aria gonfia di pioggia.

In questi momenti, Marco parla anche meno del solito. Vuole la squadra attorno per sentirsi protetto, ma sa che durerà poco, è solo un'impressione. Perché la strada, poi, comincerà a salire, e ogni compagnia si sfarinerà nel vento. Nessuno può essere aiutato, pensa Pantani, che è uno specialista in materia. Nessuno può essere consolato, né salvato, né spinto verso un diverso destino. C'è solo la strada, e ognuno ha la propria. «Io scatto in salita», disse un giorno, «per abbreviare la mia agonia.» E così il suo ciclismo divenne, in un attimo, un problema esistenziale.

È il 27 luglio 1998. Sta per cominciare la prima delle tre tappe alpine del Tour, e Pantani proverà subito a mettere in crisi il tedesco Ullrich, la maglia gialla che lo precede di quasi cinque minuti. Il tedesco è un atleta solido, senza apparenti debolezze. Quando il suo motore gira, sa spianare i colli come i campioni passisti che non cedono sulle rampe. Marco Pantani è di tutt'altra specie, lui è nato direttamente dal corpo della montagna, come espulso dalla sua crosta; un animale preistorico. Il vecchio scalatore Gaul, il lussemburghese che agitava i pedali come una maestrina, padrone assoluto delle vette, disse: «Credo che Pantani sia anche più forte di me». È della razza dei Bahamontes, dei Fuente, dei Bartali. C'è chi lo considera il più grande scalatore di ogni tempo, lui che ha già vinto il Giro d'Italia e conquistato montagne al Tour. I francesi, ancor più degli italiani, lo adorano («Pantastique!» scrivono) perché Pantani non conosce il risparmio, e moltiplica le emozioni. Ogni suo scatto è un mortaretto nel cuore, una scossa elettrica che fa impazzire. E affascina anche la luce opaca della sua tristezza, quel segno interiore di apparente fragilità che possiedono solo i campioni assoluti, quelli che non non si sentono paghi del traguardo ma vedono, oltre l'ultima linea bianca, il terribile richiamo del buio.

Di questo ragazzo magro e leggero (pesa appena cinquantasei chili) piace la vocazione al dolore, la capacità inesausta di rialzarsi sempre. Non lo vincono gli avversari ma il fato, un po' come Coppi. Lo fermano la jeep che gli fracassa una gamba nello schianto, e il gatto che lo fa cascare in discesa. Pantani ruzzola, si rompe, guarisce, ritorna e attacca. A chi gli domanda cosa mai trovi su quella bici, attraversando strade da paura, Pantani risponde in silenzio: fa segno di toccargli la gamba, che pare di legno. Ha poche, precise parole. Nella sua ultima lettera prima della fine, solo come un cane, la notte di San Valentino del 2004, scriverà: «Andate a vedere cos'è un ciclista e quanti uomini vanno in mezzo alla torrida tristezza per cercare di ritornare con i miei sogni di uomo che si infrangono». E poi, alle persone che lo incrociarono per caso sull'ascensore di quel residence a Rimini: «A ne so' sui sarà un altr dì per me», non so se ci sarà un altro giorno per me.

La piovosa mattina di Grenoble entra nella ossa e le infradicia. Tempo infame. Marco sembra scocciato, non fosse che quell'espressione ce l'ha sempre. I primi chilometri della corsa sono plumbei e quieti, come sedati dall'umidità. Nessuno si muove sulla prima salita, la Croix-de-Fer, dopo una settantina di chilometri. L'italiano Massi va a prendersi qualche punto per la classifica del miglior scalatore. Marco è nascosto nel gruppo, mai più avanti della trentesima posizione. Tutti si aspettano l'attacco, è chiaro che questa è la tappa giusta per rovesciare il Tour e ridurre il distacco dal tedesco: cosa mai saranno, cinque minuti, per un angelo delle pietre come Pantani? Ha già vinto cinque giorni prima, a Plateau de Beille, arrivando solo. È quella la sua dimensione, e lui la cerca sempre da lontanissimo, partendo d'anticipo. È troppa, l'agonia da abbreviare, per concederle altro tempo.

Neppure il Col du Télégraphe, undici chilometri di scalata, scalda le gambe. Ora il gruppetto sta planando verso il Galibier dentro una nebbia di panna, sembra quasi unta, tanto s'attacca a braccia e gambe. Marco Pantani protegge il viso con enormi occhiali da sciatore, quasi una maschera per non offrire lo sguardo a nessuno: dagli occhi, Coppi capiva la sostanza degli avversari, il loro diverso grado di stanchezza. Pantani non vuole concedere questo privilegio a nessuno: impossibile leggergli dentro, c'è come una pellicola che lo avvolge. Gli avversari sanno che Pantani è qualcosa di inspiegabile, distante. Porta addosso una vocazione al dolore e al mistero.

Il Galibier è un colle leggendario. Dodici chilometri, gli ultimi quattro davvero duri, per arrivare a 2605 metri. Ullrich marca stretto l'italiano, però è Leblanc a tentare qualche colpo a ripetizione, strappi secchi che fanno male anche se non annientano. Ci prova tre volte, il francese, prima che l'angelo delle pietre stringa come un forsennato la parte bassa del manubrio, una posa più da velocista che da scalatore, e liberi la forza che gli ribolle dentro. L'assalto è un colpo di rasoio per tagliare nel profondo le carni del Tour. Il tedesco non reagisce, forse è in crisi di fame, oppure è svuotato per motivi suoi: l'energia di un uomo è sempre un segreto. L'italiano è astuto, lascia rientrare Leblanc perché capisce che gli potrà essere utile. E sa che questa tappa, contro ogni apparenza, si deciderà nei trentaquattro chilometri di discesa che l'attendono, una picchiata stretta e impegnativa all'inizio, poi la strada s'allarga un po'.

I corpi dei ciclisti sono pallidi aloni nel buio, anime che stanno sbiadendo. Le cupole degli ombrelli riflettono i rari bagliori delle auto e delle motociclette, brevi colori che s'accendono e si spengono come fuochi fatui. Ora Pantani prova a infilarsi la mantellina ma non riesce, ha paura di cadere, ci mancherebbe solo questo: perdere il Tour per colpa di un giubbino. Così decide di fermarsi e aspettare l'ammiraglia: un meccanico lo aiuterà nell'operazione, come si fa con i bambini che escono di casa al mattino per andare a scuola nella pioggia. Ecco, bravo Marco, ora alza il braccio e infilalo qui, poi quell'altro, sei a posto, abbottonati davanti e riparti.

La discesa è aria ghiacciata contro il viso, congela le braccia. Altro dolore. Pantani non pensava che sarebbe finita così, quando da piccolo ricevette in dono da suo nonno Sotero la prima bicicletta rossa. Poi, la prima tessera da corridore per una squadra di Cesenatico che si chiamava Gruppo Cicloturistico Fausto Coppi: il nome assoluto, la leggenda enorme e tragica. Fausto, uno morto troppo presto e non si sa perché. Però Marco è diverso, da ragazzino andava a scuola con un coltello in tasca per difendere i più deboli. Poi, le vittorie e la solitudine. Quell'appartenere a un tempo diverso e parallelo, impossibile da incrociare con il tempo degli altri. Sporgendosi nel vuoto, ne sente il richiamo, come se il vuoto fosse stato pensato dal Padreterno solo per lui. Una vocazione distruttiva. Gli toccherà accettarla, ed esibire la bellezza della sofferenza. È questo, insieme alla solitudine, il prezzo da pagare.

L'ultima salita verso Les Deux Alpes è lunga quasi nove chilometri. Pantani ha già staccato Ullrich di due minuti, gli sta sfilando la maglia gialla. Ormai il tedesco è di piombo, invece Marco continua a pedalare elettrico e forsennato, scattando a ripetizione come se ogni attacco fosse una crisi epilettica. Fa impressione guardarlo salire, è qualcosa di meraviglioso e malato, uno strazio circondato di luce. Ancora con le mani basse sul manubrio, Pantani agita nel vento la bandana azzurra (quando la getterà via, lontano, sarà la resa dei conti) e addenta l'aria con la bocca spalancata. È una bestia in apnea. Va a strappi, sghembo all'inizio e poi leggero, fulminante. Sembra inadeguato, uno strano oggetto con l'idea di sfidare enormità naturali; ma poi si capisce, questo è il suo stile, niente è più simmetrico. Ogni gesto è disperato e romantico, bellissimo e raro. Marco Pantani avvicina il cielo a morsi.

Eppure, la tristezza e la malinconia che sprigiona il suo corpo sono già sorelle della tragedia che l'attende. Niente, neppure la gloria, possiede per Pantani un diverso colore. Sono i capitoli dell'identica storia, scritta con il sangue. Ma c'è una terribile lucentezza in questo. Marco sale, inconsapevole. E spiega. Racconta la sua leggenda unica, il suo dramma senza fine. Nelle vene ha sostanze misteriose, non solo una benzina chimica: la benzina è il sangue stesso, sporcato da una maledizione. Gli avi di Pantani arrivavano da Sarsina, il paese di Plauto, sull'Appennino, dove nella chiesa di San Vicinio si curano gli indemoniati con un collare di ferro. Il suo collare, in questi ultimi chilometri di strazio, è una bicicletta. Proprio identica a quella che un giorno, dopo un allenamento, Marco Pantani taglierà in due con una sega perché da un'auto gli hanno gridato: «Pirata di merda!» Proprio identica a quella spezzata nello schianto contro la jeep, alla Milano-Torino del 1995, quando in clinica si scoprirà che il suo sangue è denso come marmellata. Proprio identica a quella del salto della catena nella tappa di Oropa, Giro d'Italia 1999, quando il meccanismo s'inceppa a otto chilometri dal traguardo e lo superano in quarantanove, però lui riparte e li infila uno dopo l'altro per vincere con ventuno secondi su Jalabert. Proprio identica alla bici inchiavardata sul tetto dell'ammiraglia, la mattina del 5 giugno del 1999, quando a Madonna di Campiglio gli controllano l'ematocrito e lo scoprono guastato. Così lo fermano, ed è lì che l'angelo delle pietre comincia davvero a precipitare: «Altre volte mi sono rialzato, ma adesso sarà difficile». Oppure la bicicletta che si metterà a scivolare sull'asfalto senza fermarsi, dopo l'ultima caduta nella discesa di Sampeyre al Giro d'Italia 2003, nove mesi prima di morire di malamorte: pare di vederlo ancora, Pantani, seduto sul ciglio della strada sotto la pioggia, in quell'angolo di Piemonte sperduto più di lui.

Adesso, a tre chilometri dalla sua prima maglia gialla, dal primo Tour vinto, Pantani danza sulla sella come un acrobata, è l'illusionista catturato dal suo numero estremo. Fango sugli occhiali, luce sulla pelle. Sul viso, una smorfia dolorosa. Ormai non gli restano che ottocento metri d'asfalto fradicio, poi cinquecento, poi duecento, eccolo con le luci delle motociclette che gli danzano alle spalle. Andate a vedere cos'è un ciclista, e quanti uomini vanno in mezzo alla torrida tristezza. La telecamera lo cattura, attirandolo verso di sé. Primissimo piano: Marco ha la bocca spalancata e gli occhi chiusi. Sta godendosi la fine del supplizio, quell'agonia che svanisce come un canto per il bambino che s'addormenta.

Ultimi volumi pubblicati

78. Nick Tosches, *Dino. Dean Martin e la sporca fabbrica dei sogni*
79. Alberto Benini, *Casimiro Ferrari. L'ultimo re della Patagonia* (3ª ediz.)
80. Mario Arceri, Valerio Bianchini, *La leggenda del basket* (2ª ediz.)
81. Peter Guralnick, *Elvis. L'ultimo treno per Memphis.* Volume 1
82. Peter Guralnick, *Elvis. Amore senza freni.* Volume 2
83. Luca Dal Monte, *Il tedesco volante e la leggenda Ferrari*
84. Anton Gill, *Peggy Guggenheim. Una vita leggendaria nel mondo dell'arte* (2ª ediz.)
85. Giuseppina Tripodi, *Vortici*
86. *Scontrini. Racconti in forma di acquisto*, a cura di Matteo B. Bianchi e Valerio Millefoglie
87. *Il Libro Nero. Perché aspettare il Giudizio Universale quando puoi fartelo da solo?* (2ª ediz.)
88. *L'amore, l'amicizia*, a cura di Piero Gelli
89. Luigi Ripamonti, *Credi che a donare il sangue ci pensino le zanzare?*
90. Paolo Berizzi, Dario Cresto-Dina, *Il mio piede destro. La vera storia di Antonio Cassano, campione fuori* (2ª ediz.)
91. Charles Mingus, *Peggio di un bastardo*

92. Pietro Paolo Bardino, *Conosci il mio amico Parky?*
93. Sue Graham Mingus, *Tonight at Noon*
94. Paolo Di Canio (con Elisabetta Esposito), *Il ritorno. Un anno vissuto pericolosamente* (2ª ediz.)
95. *Il sudoku di Peres (livello 1)*
96. *Il sudoku di Peres (livello 2)*
97. *Il sudoku di Peres (livello 3)*
98. *Il sudoku di Peres (livello 4)*
99. Enzo Gentile & Alberto Tonti, *Dizionario del Pop-Rock 2006*
100. *Il Mereghetti. Dizionario dei film 2006*
101. *Dizionario dell'opera 2006*, a cura di Piero Gelli
102. Gianni Borgna, *Gino Paoli, Una lunga storia d'amore*
103. Igor Righetti e Valter Righetti, *Come ammazzare il tempo senza farlo soffrire*
104. Alfonso Montefusco, *Il fantastico cuoco*
105. Ennio Peres, *620 giochi per esercitare la mente*
106. Barry Lopez, *Sogni artici*
107. Legs McNeil, Gillian McCain, *Please Kill Me. Il punk nelle parole dei suoi protagonisti*
108. Fabio Fazio, *Una volta qui era tutta campagna*
109. Renata Molho, *Essere Armani. Una biografia*
110. Anne e Patrick Poirier, *Lamento*
111. Bruno Bartolozzi, *La Mas Digna* (2ª ediz.)
112. Fabio Caressa, *Andiamo a Berlino* (2ª ediz.)
113. Riverbend, *Baghdad brucia. Il blog di una giovane irachena*
114. Andrea Lo Cicero, Paolo Cecinelli, *Il Barone. Un'autobiografia*
115. Marco Boccia, Andrea Pugliese, *100 pizzini di Bernardo P. prima di andare a letto*

116. AA.VV., *Il prima e il dopo*
117. Giuseppe Prisco, *Pazzo per l'Inter*
118. Luca Beatrice, *Zero* (2ª ediz.)
119. John Gruen, *Keith Haring. La biografia*
120. Minnie Gastel, *Il mito Versace. Una biografia*
121. Fabrizio Blini, *Mamma mia!*
122. Adriano Berton, *Scusa New York, vado di fretta*
123. Teresa Petrangolini, *Salute e diritti dei cittadini*
124. *Dizionario dell'opera 2008*, a cura di Piero Gelli
125. Marco Pesatori, *Segni. Simboli e caratteri dei dodici tipi zodiacali (introduzione all'interpretazione del tema natale)* (3ª ediz.)
126. Marco Pastonesi, *Ovalia. Dizionario erotico del rugby* (2ª ediz.)
127. Maria Grazia Borriello, *Il pranzo è servito! Centocinquantuno ricette: belle da vedere buone da mangiare*
128. Giustino Trincia, *Il consumatore attivo.*
129. *Il Mereghetti. Dizionario dei film 2008*
130. Ezio Rivella, *Io e Brunello. Come portai Montalcino nel mondo*, a cura di Alberto Mattiacci
131. Spoon Tever, *A volte ritornano sempre. 52 ritratti postumi di politici verosimili*
132. Fabio e Maurizio Caressa, *Quella sporca ultima carta*
133. Giulio Scarnicci, Renato Tarabusi, *Il troncio e i trucoli*
134. Edoardo Bennato, *Così è se vi pare*
135. Shawn Levy, *L'ultimo playboy. La bella vita di Porfirio Rubirosa, sciupafemmine di talento*
136. Luís Muñoz, *Luís. Una voce sopravvissuta a Pinochet*
137. Roberto Torti, *Settore 4c, fila 72, posto 35*
138. Stefano Bollani, David Riondino, *Lo Zibaldone del Dottor Djembe*

139. *Vieni avanti cretino*, a cura di Nicola Fano
140. Barry Lopez, *Resistance*
141. *Dizionario dell'Arte*, a cura di Ian Chilvers
142. Marco Pesatori, *2009. Anticipazioni riflessioni pre-visioni astrologiche sul nuovo segno per segno*
143. Giampaolo Visetti, *Mai una carezza. Storie del mondo che dobbiamo cambiare*
144. Marisa Laurito, *Le ricette del grande Sud*
145. Paul Theroux, *Due stelle*
146. Maria Vittoria Alfonsi, *Gianfranco Ferré. L'architetto stilista*
147. Catena Fiorello, *Nati senza camicia (e non solo...)*
148. Mimma Gaspari, *Penso che un «mondo» così non ritorni mai più. Vita in canzone*
149. Nicola Dante Basile, *New Menu Italia. La rivoluzione che ha cambiato la tavola degli italiani*
150. Marco Confortola, *Giorni di ghiaccio. Agosto 2008. La tragedia del K2*
151. Dan Dye, Mark Beckloff, *Fantastica Gracie. La mia vita salvata da un cane*
152. Antonio Dipollina, *Ibra! La biografia*
153. Giampaolo Visetti, *Ex Italia. Viaggio nel Paese che non sa più chi è*
154. Alex Boese, *Elefanti in acido e altri bizzarri esperimenti*
155. Franco Filipponi con Luigi Ripamonti, *Il trapianto moltiplica la vita*
156. Beppe Viola, *Quelli che...*
157. Rob Kirkpatrick, *Magic In The Night. Le parole e la musica di Bruce Springsteen*
158. Maurizio Crosetti, *Armstrong. Il ritorno del sopravvissuto*
159. *Dizionario della Moda 2010*, a cura di Guido Vergani

160. Gian Luigi Paracchini, *Vita Prada. Personaggi, storie, retroscena d'un fenomeno di costume*
161. Andreina Swich, *Una donna turchese*
162. Catone&Lorenz, *I sette nani lavoravano, ma Biancaneve l'ha data al principe*
163. Riccardo Rossi, *Alla mia età. Riflessioni di un comico sentimentale* (3ª ediz.)
164. Marco Bortolami, Paolo Cecinelli, *Vita da capitano*
165. Anna Testa, *«Buonasera Aroldo, buonasera Giuliana». Aroldo Tieri e Giuliana Lojodice, vita, carriera e scene da un matrimonio*
166. Tommaso Pellizzari, *Inter: la dinastia. I Moratti da Herrera a Mourinho*
167. Silvana Giacobini, *Sophia Loren: una vita da romanzo*
168. Carlo Mazzone (con Marco Franzelli e Donatella Scarnati), *Una vita in campo*
169. Nino D'Angelo, *Core pazzo*
170. Dina Azzolini, *Per amore dei capelli*
171. Stefano Disegni, *Indemoniato! Pura furia satirica. Più che un autore una bestia*
172. Marc Eliot, *Clint Eastwood – Un ribelle americano*
173. David Kootnikoff, *U2 – Una biografia musicale*
174. David Henderson, *Scusami, sto baciando il cielo*
175. Marco Patucchi, *Maratoneti. Storie di corse e di corridori*
176. Arianna Chieli, nadiolinda, *Obiettivo: maschio! Il primo manuale per cacciatrici metropolitane*
177. Marta Tea Carpinelli, *Mi scrivi la ricetta?*
178. Maurizio Crosetti, *Campionissimi. Un giorno nella vita di trenta grandi ciclisti*

Stampato nel settembre 2010
per conto di Baldini Castoldi Dalai *editore* S.p.A.
da *Grafica Veneta* S.p.A. - Trebaseleghe (PD)